KB154133

부자 직장인
가난한 **직장인**

부자 직장인 가난한 직장인

월급쟁이가 부자의 운명으로 갈아타는
재테크 성공 비결

장홍탁 지음

좋은날들

직장을 다니며 부자가 된 사람들

저는 올해 마흔아홉의 회사원입니다. 여러 증권사를 거치며 십수 년을 일했고 현재의 KB증권까지 더하면 근 이십 년을 월급쟁이로 살아왔습니다. 제 업무는 기본적으로 투자자들의 자산을 불려주는 일인데, 그동안의 회사 생활에서 문득 깨달은 바가 있습니다. '부자에의 의지가 있고 돈이 많은 사람이 더욱 많은 부를 얻지만, 대다수 직장인들의 삶은 그와 동떨어져 있다.'는 사실입니다.

흔히 직장 생활은 다 거기서 거기라고 말합니다. 어느 회사든 힘든 건 마찬가지고 벌이 또한 일부의 직장인을 제외하면 대개 뻔하다는 의미이지요. 그런데 똑같은 직장인이라도 속내를 들여다보면 생활이든 경제력이든 천차만별이었습니다. 먹고살아야 하니까 회사에 다닌다는 사람이 있는가 하면 재미있는 일을 하면서 돈도 버는 게 너무 즐겁다는 사람, 드물게는 죽지 못해 다닌다는 사람도 있었는데, 이마저도 하나의 삶일 테니 월급쟁이의 운명은 다 거기서 거기라고 말할 수 있을까요? 절대로 그렇지 않습니다.

연봉이 두 배쯤 많아야 부자가 되는 게 아니다

투자 업무를 주로 하다 보니 직장인들의 재테크에 대해 조언해주는 일이 많습니다. 자연히 그들이 살아온 이야기를 듣거나, 경제적 상황에 대해서도 꽤 구체적으로 알게 됩니다. 그런데 겉으로는 별반 다르지 않아 보이는 직장인들도 돈벌이와 자산을 불리는 측면에서만큼은 큰 차이가 있었습니다.

마흔 전후에 수십 억 상당의 부동산을 보유하고 있거나 상가 건물을 마련해 일찌감치 노후 준비를 끝내고 여유롭게 회사를 다니는 이가 있는 한편으로, 번듯한 직장 생활 십수 년차에도 회사를 관두면 앞날이 막막해 어떻게든 버텨야 하는 직장인들도 많이 봐왔습니다. 부자의 기회는 누구에게나 있지만, 직장인 모두가 그 기회를 잡는 것은 아니었습니다. 무엇보다 분명한 사실은 월급만으로 부자가 되는 일은 없다는 것, 그렇게 생각하고 준비해야 한다는 자각이었습니다.

그들은 다 같은 직장인이 아니었습니다. 이도 저도 아닌 보통의 직장인들이 상당수 있고, 그 양 가장자리에 부자 직장인과 가난한 직장인이 있었습니다. 저는 그들의 이야기를 들려드릴 생각입니다. 맞벌이를 하고 연봉이 남들 두어 배쯤 많아야 부자가 되는 게 아닙니다. 다달이 얼마를 더 번다는 게 재테크를 실천하며 십 년 이상 묵묵히 부자의 길을 걸어온 세월의 힘을 당하지는 못합니다.

제가 만난 부자 직장인들은 다들 그렇게 살아왔습니다. 가난한 직장인들이 십 년 전이나 지금이나 경제적으로 고달픈 일상에 떠밀리듯 살아가고 있다면, 부자 직장인들은 직장 생활 초기부터 부자의 길 위에서 거의 벗어나지 않았습니다.

직장인이 따라야 할
부자의 길

말로 하는 부자가 되는 법이란 참 쉽습니다. 어떻게든 많이 모으고 많이 불리면 됩니다. 하지만 대다수 직장인에게는 많이 모아야 하는 대목부터 답이 잘 보이지 않고, 돈을 불리는 일에도 온갖 시행착오를 겪기 일쑤입니다. 물려받은 재산이 거의 없고 연봉도 고만고만하다면 현실은 더욱 암담합니다. 그래서 자산을 빠르게 늘리는 현명한 방법이 필요하고, 그보다 중요한 것은 부자가 되고자 하는 의지와 실천입니다.

쉽지는 않아도 이루지 못할 일 또한 아닙니다. 세상에는 죽을 각오로 부자가 된 사람도 있지만, 소소한 행복을 누리며 부자가 된 사람도 적지 않습니다. 처음 재테크를 시작하는 게 힘들지 1억을 버는 데 걸린 시간과 9억을 버는 데 걸린 시간이 비슷했다는 부자를 보기도 했습니다. 이 책에서 소개하는 부자 직장인들도 대개는 삶의 어느 시점에서 한두 번의 결정적인 기회를 놓치지 않아 부자의 운명으로 갈아탈 수 있었습니다. 저는 그들이 어떤 마음가짐으로, 어떤 길을 걸어왔는지를 있는 그대로 보여드리고자 애썼습니다.

돌이켜보면 그들은 부자가 될 수밖에 없는 생각과 재테크 생활로 십년, 이십 년을 살아왔습니다. 부자가 되기까지 생생한 과정과 노하우, 살아온 이야기를 아낌없이 내어준 사례자 분들에게 고마운 마음을 전합니다. 또한 원고 정리와 글을 가다듬는 데 많은 도움을 주신 좋은날들 출판사 분들에게도 감사하다는 말을 남깁니다.

KB증권 판교 지점장

장홍탁

차례

part 2 그들은 어떻게 부자의 꿈을 이루었을까?

part 3 직장인 부자는 시작부터 남다르다

part 1

생각의 차이가
부의 차이를
만든다

누구나 부자를 바라지만
극히 일부만 부자가 되는 이유

세상 모두가 바라는 일은 결코 모두에게 일어나지 않습니다.

사람들은 다들 행복하고 풍요로운 삶을 바랍니다. 돈이 더욱 많았으면 좋겠고, 늘 건강했으면 좋겠고, 누구나 부러워하는 직장에서 남들보다 빨리 승진하기를 원합니다. 하지만 현실에서는 아주 일부의 사람들만 그렇게 됩니다.

대다수 직장인들의 삶은 십수 년의 연차가 쌓여도 돈에 쫓기는 생활이 크게 달라지지 않습니다. 빠른 승진 또한 무탈하게 다니면 다행이라여길 뿐 나와는 먼 이야기인 경우가 훨씬 많습니다. 그나마 건강 문제가 내가 뿌린 만큼 거둘 가능성이 가장 높습니다. 평소에 몸 관리 잘하면 병원 신세 질 일은 줄기 마련입니다.

모두들 바라는데 모두가 이루지 못하는 것은 왜일까요? 한편으로 자신이 뜻한 바를 이루거나 경제적으로 나날이 여유로워지는 사람들에게는 무슨 노하우가 있는 걸까요?

능력이 있으니까, 운이 좋으니까 같은 대답은 너무나 피상적인 접근입니다. 실제로 성공한 사람들, 다시 말해 돈을 아주 많이 벌었거나 사회적으로 나름의 위치에 오른 사람들조차 그렇게 말하곤 합니다. 열심히 살다 보니까 여기까지 왔다, 라는 식으로요. 하지만 그들은 열심히 살아서 성공한 게 아닙니다. 정말 열심히 살았으니까, 그래서 현재가 더 억울한 사람들도 많다는 게 그 방증입니다.

열심히 사는 것보다
중요한 것

성공한 직장인들의 지난 이야기를 들어보면 다들 뭔가가 있었습니다. 뛰어난 능력, 좋은 운, 열심히 살아온 삶과는 별개의 무엇이지요. 저는 그것을 일부의 직장인들이 인생의 목표를 이루게 되는 비결이라고 이해했습니다. 사회에서 잘나가거나 자영업으로 부자가 된 사람들도 크게 다르지 않습니다. 그 결정적인 이유는 딱 두 가지였습니다.

1. 분명한 목표와 의지가 있다.

2. 꾸준히 노력한다. 단, 나만의 안목과 효율적인 방법으로!

너무 당연한 말인가요? 조금 다르게 표현해보겠습니다. 분명한 목표와 의지를 갖고, 나만의 안목과 효율적인 방법으로, 10년 이상을 꾸준히 노력하기, 이렇게 말하면 벽이 조금 높아진 느낌이 들 것 같습니다. 제가 만난 부자들이나 성공한 사람들은 거의 이 3가지 관문을 통과했습니다만, 어느 누구도 쉬운 길은 없었습니다.

저는 이것이 부자 직장인과 가난한 직장인을 가르는 본질적인 차이라고 생각합니다. 누구나 부자를 바라지만 극히 일부의 사람들만 부자가 되는 이유이기도 하지요. 가난한 직장인에게는 우선 분명한 목표와 의지가 없습니다. 행여 의지가 있어도 올바른 안목과 방법을 갖추지 못한 경우가 많습니다. 제대로 된 안목이 없고 방법을 모르는데 실천이 온전할 리가 없습니다. 더욱이 그들이 10년 이상 부자의 길에서 버텨냈다고도 생각하지 않습니다.

어쩌다 부자가 되는 사람은
세상에 없다

고등학교 친구 중에 이 과장이라고 있습니다. 내로라하는 대기업에서 십수 년간 사무직으로 있다가 몇 년 전에 연봉이 절반쯤 깎이며 자회사로 옮겨야 했습니다. 그즈음에 과장을 달았고 그전까지는 만년 대리였습니다. 요즘 저희 또래는 거의 부장이나 이사 직함을 달고 있으니 한참 뒤처진 케이스이지요. 퇴사 압박도 알게 모르게 있었다니까 승진에서 번번이 누락되는 것도 어쩌면 당연했습니다. 그는 직장인 체질이 아니었습니다. 한때 인재제일주의를 외치던, 성과 중심의 조직에서 여태 버틴 게 용하다고 여겨질 정도였으니까요. 그러던 그가 이제는 퇴직을 준비하고 있습니다. 오래전에 목표했던 20억 재산을 거의 모았기 때문입니다.

몸과 마음이 지칠 대로 지친 사정을 잘 아는 터라 저는 예전에 몇 번이고 퇴사를 권했습니다. "시골 가서 약초 농사라도 지으면 되잖아. 안 그러면 제명까지 못 살아, 인마."라고요. 그는 절대 안 된다고 했는데, 최근에야 그 이유를 들을 수 있었습니다.

"와이프랑 애 먹여 살려야지. 또 어떻게든 회사를 다니고 있어야 대출이 잘 나오니까."

생활비는 당연히 벌어야 하는 것이고, 대기업이라서 대출받기 쉽다는 게 회사에서 버틴 이유 중 하나였습니다. 상장사라서 1~2% 정도 대출 이자를 낮출 수도 있었고요. 친구는 오래전부터 자신의 직장 생활에는 답이 없다는 걸 깨달았다고 했습니다. 무기력한 스스로를 돌아보는 게 괴로웠지만, 어떻게든 살길을 찾아야 했습니다. 한참을 고민한 끝에 그는 한 가지 목표를 세웠다고 합니다. 부동산 투자로 자산을 불리고 상가 두 채를 마련해 은퇴하기였습니다.

이 자체가 무슨 대단한 비결은 아닐 것입니다. 하지만 그는 절박한 심정으로 목표를 정하고 방법을 모색했습니다. 그때부터 투자 공부를 시작해 남들이 흔히 하는 은행권 재테크는 물론이고 아파트, 오피스텔, 철거 가옥, 땅이나 상가 투자를 십 년 넘게 거듭하며 지금의 자산을 모았습니다. 대출 이자가 버거울 때는 와이프가 마트 캐셔 일을 하기도 하는 등 부부가 함께 고생도 많이 했습니다. 하지만 주식은 손도 대지 않았습니다. 예측이 어려운 분야는 위험하기도 하고 자기와는 안 맞는다고요. 돈을 마련하고 투자하면서 예상치가 딱딱 맞아떨어지지 않으면 겁이 나서 못한다는 것이었습니다.

그의 투자 성과를 몇 가지만 보면 이렇습니다. 2011년에 마포의 뉴타운 아파트 입주권을 6억8천만원에 샀는데(34평, 자기부담금 포함) 지금까지 6억원이 넘게 올랐습니다. 게다가 입주 시의 자기부담금 4억2천만원은 전세 보증금으로 충당해 실투자금은 2억6천만원에 그쳤고, 이후 월세도 꾸준히 챙기고 있습니다.(보증금 4.2억에 월세 100만원) 정작 본인은 지금도 수도권의 22평 전세에 살면서 말이지요.

2011년 투자 당시에는 부동산 경기가 다소 부진해 입주권 프리미엄이 최고 1억8천만원에서 8천만원 아래로까지 떨어졌을 때였습니다. 대규모 단지인데다가 광화문과 여의도가 멀지 않은 입지도 좋았고, 관리처분인가 이후 이주를 앞두던 시점이었지요. 재개발 진척 여부가 관건이었는데, 그는 5년 이내에 입주가 가능할 것이며 프리미엄 또한 바닥이라고 보았습니다. 근처 중개업소 10군데 이상에 발품을 팔며 분석한 판단이었고, 결국 그 결정은 옳았습니다.

그는 투자를 실행하기 한참 전부터 본인의 자금 규모와 거래 금융사별로 대출 한도를 확인해 투자금을 준비하였고, 일부 자금은 보험사 약관대출로 충당했습니다. 약관대출은 금리가 4.5% 정도였지만, 신용등급에 영향이 없고 중도상환 수수료가 없으며 대출 절차가 간편한 게 장점이라고 말합니다. 연금 보험으로 노후를 대비하면서도 급할 때는 레

입주권 매매가	대출	실투자금	취등록세 등
(자기부담금 포함)		(전세금제외)	
6.8억원(2011)	1억원	2억6천만원	2천만원
최근 실거래가	**대출 이자**	**임대수익**	**평가이익**
13.3억원(2018.3)	1,200만원(3년)	4,200만원(3.5년)	6억6천만원

■ 이 과장의 마포 아파트 투자 내역

버리지(지렛대 효과)로 활용할 수 있다는 것이지요.

그리고 2016년에는 제주도 땅에 2억6천만원을 투자해 양도세 장기보유특별공제를 받게 되는 몇 년 후에는 세금을 제하고도 3억원 전후의 차익을 기대하고 있습니다. 여차하면 10년쯤 묵혀둘 생각으로 투자했는데, 뜻밖의 개발 호재로 가격이 급등한 케이스였습니다. 어느 정도는 예측했고 또 운이 좋았던 셈인데, 사실 운이란 것도 미리 준비한 사람에게나 해당하는 말일 테지요.

물론 이 과장이 투자에서 항상 웃기만 한 것은 아닙니다. 충남 안면도 땅에 5천만원을 투자했다가 상당한 손해를 보고 처분한 적이 있습니다. 예전에 큰 수익을 안겨준 부동산 사장의 권유로 투자했던 것이, 나중에 알고 봤더니 권리관계가 아주 복잡한 땅이었습니다. 제대로 된 분석 없이 덤벼들었다가 본인 돈으로 대가를 치렀지요. 정말 믿을 수 있다던 지인에게 1억원을 투자 명목으로 빌려주었다가 언제 돌려받을지 모를 지경에 놓이기도 했습니다.

이 과장이 자신의 목표를 거의 이루고 작은 부자가 된 것은 결코 어쩌다가, 운이 좋거나 투자 능력이 탁월해서가 아닙니다. 열심히 살기는 했어도 열심히 살았던 덕분만도 아니지요. 그에게는 분명한 목표와 의지가 있었고, 본인이 최선이라고 판단한 방법으로 십여 년 이상을 견뎌냈다는 게 비결이라면 비결입니다.

최근 그는 16년 된 중고차를 바꾸고 골프를 시작했습니다. 힘겨운 상황에서도 꿋꿋이 살아온 스스로에게 주는 작은 보상입니다. 경제적인 여유가 생기자 회사 생활도 한결 편안해졌습니다. 회사에 몇 년을 더 다니면서 월급쟁이 인생의 마지막을 잘 매듭짓고 싶다고까지 말합니다. 돈을 꽤 모으더니 전에 없던 자신감이 샘솟는 게 아닐까 싶습니다. 한편 그가 벌어들인 순자산의 크기는 핵심이 아닙니다. 10억을 모았든 30억을 모았든 그것은 다 지난 결과의 평가이고, 그의 성공 뒤에는 적지 않은 실패의 경험과 눈물이 숨어있기 때문입니다. 부자들의 이야기에서 진짜 중요한 것은 얼마를 벌었다는 게 아니라, 돈을 벌어야겠다는 목표와, 의지와, 제대로 된 방법입니다.

가난한 삶 또한
나의 선택일 것

이번에는 반대의 경우를 보겠습니다. 직장을 다니지만 딱히 이렇다 할 목표나 의지가 없고, 제대로 된 방법에조차 무관심하게 십수 년을 살아온 삶입니다. 내 자신이 이제껏 그랬을 수도 있고, 주위에서 어렵지 않게 만날 수도 있지요.

어느 대기업 계열의 자회사에 다니는 그는 사람이 참 무던해 보입니다. 웃음 띤 표정이 여유로워 보이고 주고받는 대화에도 남들이 흔히 하는 걱정거리를 내비치는 일이 없습니다. 버는 돈이 뻔할 텐데도 곧잘 술을 사길래 저는 형편이 꽤 괜찮은 줄 알았습니다. 나중에 알게 된 사실입니다만, 걱정이 없어 보이는 얼굴은 본인이 하고 싶은 대로 하며 살아왔기 때문이었습니다. 꼭 가보고 싶은 외국 여행지는 회사를 그만두고서라도 다녀오고, 자동차든 오디오든 갖고 싶은 물건은 죄다 카드 할부로 구입하고, 그밖에도 하고 싶은 일은 거의 다 하는 등 돈에 별 미련을 두지 않는 성격이었습니다.

그는 고향 땅을 상속받아서 서른 중반에 2억원쯤 자산이 있었는데, 7~8년이 지난 지금은 1억 몇 천만 원 정도밖에 남지 않았다고 합니다. 총각 때부터 결혼을 한 지금도 오피스텔 월세에 살고 있고 여전히 마이너스 통장 사용이나 카드 씀씀이에 거리낌이 없습니다. 부부 한쪽의 경제관념이 떨어지면 다른 한쪽이라도 이를 악물어야 하는데, 이들 부부는 부인의 표정마저 참 무던하고 걱정거리가 없어 보인다는 게 문제였습니다.

나중에 아이라도 생기면 생활 태도나 경제 마인드가 바뀔까요? 직장을 다니면서 인생 한 방의 가능성에 기대서는 안 된다, 총각 때는 급여의 최소 50%를 저축하고 맞벌이라면 부부 한쪽의 월급은 전부 저축해야 한다, 한 해라도 빨리 최소한의 자산 기반을 만들어야 한다 등등 원칙에 가까운 조언을 해준 적이 있는데, 그대로 실천할지는 미지수입니다. 그에게는 재테크 방법 이전에 돈을 모아야 할 분명한 목표와 의지가 보이지 않기 때문입니다.

그를 만나면 기분은 좋습니다. 사람이 정말 좋으니까요. 마흔이 넘도록 직장을 다니면서 전셋집은커녕 오피스텔 월세를 벗어나지 못한 그의 삶을 통째로 부정하는 것도 아닙니다. 행여 내 자신이 돈을 모아야겠다는 막연한 생각만 있고 두루뭉술한 실천력으로 그저 살림살이가 조금 더 낫다면 "나는 흥청망청하지 않으니까 그나마 다행이네!"라고 할 것도 못 됩니다. 적어도 그는 자신이 원하는 삶에 더 가까이 살고 있으니까요. 경제적 여유로움 여부를 떠나서 가치관의 차이라는 거지요. 또한 부자가 되려면 돈을 모으고자 하는 마음가짐부터 새롭게 할 필요가 있다는 의미이기도 합니다.

아주 오래전에 사물놀이 공연을 하는 어느 국악가의 자녀 교육관을 듣고 깜짝 놀란 적이 있습니다. 십여 년이 지났는데도 잊히지가 않습니다. 그는 초등학생 아들에게 이렇게 가르치곤 했답니다.

"너는 이다음에 커서 거지가 되거라."

그러자 부인은 무슨 소리냐고 펄쩍 뛰었습니다. 아버지가 아들에게 가르친다는 게 고작 거지가 되라고 하니 엄마 입장에서는 환장할 노릇이지요. 물론 그 말에는 숨은 뜻이 있었습니다. 헛된 욕심 부리지 말고 네가 원하는 삶을 살아라, 또 자신의 것을 네게 나눠주고도 사람들이 아까워하지 않을 만큼 덕이 있는 삶이어야 한다는 가르침이었습니다. 진정 거지로 살고 싶고 그렇게 정했다면 남의 눈을 의식할 필요가 없다는 뜻이기도 하고요.

우리 또한 그처럼 정하면 될 것 같습니다. 내가 원하는 삶이 무엇인지, 부자 직장인으로 살 것인지 가난한 직장인으로 사는 대신에 다른 무엇을 추구할 것인지 등을 말이지요. 그리고 만약 부자의 삶을 선택한다면 이제는 달라져야 합니다. 새로운 목표와 의지를 가지고 부자의 길 위를 차근차근 걸어갈 준비를 해야 합니다.

불로소득,
부자가 되는 가장 빠른 수단

불로소득不勞所得, unearned income은 일하지 않고 얻는 수익이지요. 근로소득의 상대 개념으로 부동산과 주식의 매매 차익, 임대료, 이자나 배당금 등이 이에 해당합니다.

일을 하지 않는다니까 불로소득에 대해 부정적인 뉘앙스가 있는데, 정말 아무 일도 하지 않는 것은 아닙니다. 부동산과 주식만 하더라도 유망한 종목을 고르고 매매 기법을 터득하자면 얼마나 많은 노력이 필요한데요. 그럼에도 '일하지 않는다'라고 하는 것은 피고용 상태에서 받는 노동의 대가가 아니기 때문입니다. 오히려 직장 일보다 더 공부하고 머리도 써야 하는 경우가 많습니다.

이처럼 불로소득을 올리자면 일단 공부가 기본이기는 한데, 현실은 또 별개입니다. 투자 전문 지식이 별로 없어도 큰 수익을 내는 경우가 그렇습니다. 부자들 중에는 이런 사람들이 제법 많습니다. 그들은 금리나 세상 돌아가는 사정 정도에만 민감할 뿐 전문 지식은 얄팍하지만, 어디에 투자했든 결과적으로 싸게 사서 비싸게 판 경우를 자주 봅니다. 그 비결을 유심히 들여다보면 시중의 소문, 즉 돈이 되는 정보를 남들보다 빠르게 얻고, 판단이 섰으면 곧바로 행동하거나, 반대로 10년을 느긋하게 기다릴 줄 압니다.

투자는 밑천의 크기가 아니라 마인드 문제

근로소득 외에 불로소득을 올릴 수단이 있으면 부자의 길은 더욱 앞당겨집니다. 아니, 제가 아는 부자 직장인들은 하나같이 근로소득 못지않은 불로소득을 얻고 있습니다. 불로소득을 올리는 핵심은 잘 투자하기와 잘 관리하기, 딱 이 2가지입니다. 잘 투자해놓고 수익을 실현할 적절한 시점까지 잘 관리하며 기다려야 하는 것이지요. 언제, 어디에, 얼마를 투자할지가 관건일 텐데, 그에 대한 안목이 절대 중요합니다.

이것이 부자가 되기 위한 두 번째 조건입니다. 두 번째 조건은 "꾸준히 노력한다. 단, 나만의 안목과 효율적인 방법으로!"였지요? 종잣돈 모으기 단계에서는 방법만 잘 따르면 크게 어려움이 없습니다. 강제저축, 통장 나누기와 예적금 활용하기(part 3에서 설명), 펀드나 주식 소액 투자 등의 수단을 잘 활용하면 됩니다. 방법보다는 목표를 향한 의지와 실천이 더 큰 힘을 발휘하는 측면도 있고요. 하지만 투자는 다릅니다. 테크닉보다는 안목, 공부보다는 실전 경험, 요령보다는 마인드가 더욱 결정적인 역할을 합니다.

수도권의 중소제조업체에서 영업을 총괄하는 박 전무는 업무 특성상 사람들을 만나며 여기저기 돌아다니는 게 일입니다. 그러면서 여러 지역의 부동산 시세와 전망 같은 정보를 접하게 되지요. 작정하고 캐묻는 게 아니라 어쩌다 나오는 이야기라도 평소 관심이 있으니까, 자연스럽게 정보가 쌓이고 흐름을 엿보게 되는 것입니다. 친화력이 좋은데다가 그가 상대하는 이들 또한 업체 규모는 작아도 사장님들이 많아서 선심 쓰듯이 자신이 알고 있는 정보를 내놓곤 합니다.

그가 부동산 투자에 관심이 많기는 해도 매매를 자주 하는 것은 아닙니다. 몇 년에 한 번꼴로 매매한다고 했습니다. 재작년에 서울 성산동의 빌라를 팔아서 일산에 땅을 샀다는 말에 "수익 좀 내셨겠네요?" 했더니 그는 대수롭지 않다는 투로 대답했습니다.

"아니. 그냥 딱 두 배 올랐길래 팔았지."

박 전무가 성산동의 빌라를 매입한 것은 2008년이었습니다. 비역세권 빌라는 임대 수익이나 시세 차익을 크게 기대하기 어려워 투자를 꺼리던 때였는데, 인근의 경의중앙선 가좌역이 개통되기 직전이었고 상암 DMC와 홍대 상권의 가운데에 위치해 있어 장기적으로 투자 가치가 높다고 판단한 것입니다.

최근에는 서대문구 북가좌동의 빌라를 2억1천만원에 매입해 2년이 조금 넘은 2018년 4월 현재 1억2천만원이 오르기도 했습니다. 전세를 끼고 사서 박 전무가 실투자한 돈은 5천만원이었고, 이마저도 작년 가을에는 1,500만원으로 줄었습니다. 전세 만기가 돌아와서 주변 시세를 대충만 맞췄는데도 그렇습니다. 이 빌라는 그전부터 재개발 이슈가 꾸준히 있었는데도 시세는 그에 못 미친다는 생각에 매입한 것이었습니다. 시세가 밑으로 빠질 가능성은 거의 없으니까 최소 몇 년만 기다리면 된다는 판단이 주효했습니다.

　빌라 외에 서울 서부권 중소형 아파트 매매에서도 꽤 수익을 거둔 박 전무의 비결은 투자 전망이 밝은 중저가 부동산을 남들보다 먼저 알아보는 안목에 있습니다. 이는 투자 지식이 많아서도 책이나 공부를 통해 깨친 것도 아닙니다. 오랫동안 부동산 투자에 관심을 두고 다니면서 직접 보고 듣는 가운데 체득한 것이지요. 전망이 괜찮겠다 싶으면 돈을 묻어놓고 기다릴 줄 아는 것도 그의 장점입니다.

　사실 직장인 입장에서 부동산 투자가 손쉽게 뛰어들 수 있는 분야는 아닙니다. 투자금 규모가 결코 작지 않기 때문이지요. 하지만 여기에 대해서도 박 전무는 충고를 덧붙입니다. 돈이 문제가 아니라 투자 마인드의 문제라는 것입니다. 그는 이렇게 말합니다.

　"전셋집 알아보는 직원들한테 좋은 물건을 알려줘도 선뜻 구매를 못해. 몇십 만 원 이자에도 겁을 먹거든. 자동차 할부금 50만원은 척척 내면서 내 집 마련에 따르는 이자 비용 50만원은 너무 아까운 거야. 할부금은 시간이 지나면 사라지는 돈이지만, 이자 비용은 내게 몇 배 몇십 배 수익으로 돌아올 수도 있는데 말이지."

내 집 마련을 통해 주거와 투자를 겸할 수 있는데도 불구하고 상당수 직장인들이 그 기회를 제대로 살리지 못한다는 의미입니다. 물론 보유 자금이나 부동산 시장 상황에 따라서는 전세가 더 유리한 때도 분명히 있습니다만, 투자의 기회 자체에 무관심하거나 기회를 놓치고 마는 상황이라면 문제일 테지요. 또한 돈이 있어야 돈을 번다는 편견도 버리는 게 좋습니다. 직장 생활을 하며 열심히 모으면 최소한의 밑천은 모이기 마련이고, 레버리지 활용도 가능합니다. part 2에서 자세히 소개할 텐데, 전세금 7천만원으로 소형 아파트 투자를 시작해 10년 만에 20억 원을 모은 직장인도 있습니다.

평범한 직장인으로서 부동산 투자에 아주 적극적이었던 지인이 있습니다. 지금은 상당한 재산을 모으고 은퇴해 바닷가 저택에서 안락한 일상을 보내고 있습니다만, 그는 직장 생활을 하는 30년 동안 이사를 40번도 넘게 했다고 합니다. 이삿짐을 다 정리하기도 전에 집을 팔아버리고 또다시 이사한 경우도 있었습니다.

그 역시 젊어서는 크게 다를 바 없는 직장인이었습니다. 작은 회사에 벌이가 넉넉하지는 않았어도 크게 욕심 부리지 않고 주어진 삶에 만족하며 살았습니다. 그렇게 남들처럼 회사를 다니고 연애하고 결혼까지 했는데, 삶의 가치관이 크게 바뀐 것은 그 무렵이었습니다. 결혼과 함께 처가에 얹혀살면서 돈이 없는 서러움을 뼈저리게 느끼게 된 것입니다. 그의 처가는 근방에서 누구나 알아주는 부자였는데, 맏사위의 직장이 변변찮고 재산도 없으니까 업신여기기 일쑤였다고 합니다. 이후 그들 부부는 상의 끝에 반지하 셋방으로 거처를 옮겼습니다. 그리고 세상 누구 앞에서도 떳떳할 만큼 부자가 되어야겠다고 결심하고, 실제로 그렇게 부자가 되었습니다.

부자들은 빚을
전략적으로 활용한다

예적금 수익률이 물가상승률을 밑도는 시대에 투자는 선택이 아니라 필수입니다. 직장 생활을 하며 저축에만 기대어 살아왔다면 더더욱 가보지 않은 길을 가야 합니다.

서울 강서구에 있는 30억 상당의 5층 건물주 지인은 전세를 전전하던 시절부터 건물주의 꿈을 키웠다고 합니다. 내 건물 사서 월세 받는 삶을 꼭 한번 살아야겠다, 라고 말이지요. 그러더니 2017년 여름, 40대 후반에 마침내 목표를 이루었습니다.

자영업을 하는 남편의 벌이가 꽤 괜찮은데도 지인은 신혼 때부터 줄곧 맞벌이를 해왔습니다. 집안일을 하며 아이들만 돌보고 싶었던 때도 있었지만 '오십 전에는 꼭 건물을 사야 해!'라는 생각으로 일을 계속 했습니다. 결국 대출 18억원을 끼고 건물을 사기는 했어도(기존 보유하던 아파트를 팔고 상가 꼭대기층으로 이사해 자금을 보탰습니다.), 은행 이자는 임대료로 충당이 되고 시세 차익 또한 상당히 기대되는 상황입니다.

그에게는 5층 건물이 순자산 12억원 이상의 가치가 있어 보였습니다. 꿈을 이루었기 때문입니다. 그래서인지 제가 아는 것만 해도 집들이를 5번은 한 듯합니다. 그런 모습을 보며 아담한 건물 하나만 생겨도 저리 살맛이 나는구나, 라는 생각이 들었습니다.

이렇듯 일반 직장인에 비해 부자들이 훨씬 큰 빚을 지고 있습니다. 다만 빚의 성격이 다를 뿐이지요. 평범한 직장인들은 주거 목적의 장기 대출이나 생계형 대출, 소비를 위한 대출이 많은 반면 부자들은 새로운 수익 창출을 위해 대출을 적극적으로 활용합니다. 직장인은 아니지만 자기 자본 10억원으로 산 서울 홍대 인근의 40억 건물이 60억까지 오른 경우도 보았습니다. 이자가 만만치 않기는 해도 임대료 외에 막대한 시세 차익을 얻었으니 결과적으로 좋은 빚인 셈입니다.

자본주의 사회에서 빚은 양날의 검입니다. 갚지 못할 빚은 내지 않는 게 맞고, 안정적인 본업은 투자 밑천 만들기나 만약의 경우를 위해서도 재테크의 대전제에 속합니다. 이 바탕 위에 투자의 관점에서 대출을 적극적으로 활용할 수도 있어야 합니다.

은행을 예적금 창구로만 활용하는 시대는 일찌감치 지났습니다. 부자가 되려면 하루 빨리 은행 밖으로 눈을 돌려야 합니다. 투자 규모가 커질 때 빚을 자산 증식의 도구로 활용할 안목과 중장기 로드맵이 필요합니다. 제가 아는 부자 중에 자기 자본만으로 건물이나 상가 같은 부동산에 투자한 경우는 거의 없습니다. 현금 여력이 있어도 그렇습니다. 3~5% 정도의 금리라면 그 이상의 수익률을 목표로 또 다른 투자처를 찾겠다는 마인드이지요.

다만 은행 밖으로 눈을 돌리라는 것은 은행을 떠나라는 말이 결코 아닙니다. 돈을 모으는 역할은 은행에 계속 맡겨야 합니다. 돈을 모으고 불리는 일은 돈이 싫어질 때까지 꼭 함께 실천해야 합니다.

　하나금융경영연구소는 우리나라 부자들의 자산 관리 형태와 경제 습관을 분석해 매년 〈한국인 부자 보고서〉를 발간합니다. 금융 자산 10억원 이상을 보유한 부자들을 대상으로 조사한 결과이지요. 2017년에 나온 보고서에 따르면 그들의 월 평균 소득은 2,326만원이고 월 평균 지출은 970만원입니다. 자산 비중은 부동산이 49.8%, 금융 자산이 50.2%로 거의 비슷합니다. 그런데 그들의 자산 형성 비결은, 49%가 가업 또는 재산을 물려받아 현재의 부를 이룬 것으로 분석하고 있습니다. 쉽게 말해 우리나라 부자의 절반가량은 부모를 잘 만난 덕이라는 거지요. 부동산 투자 성공이 30%였고, 사업이나 근로소득으로 자산을 일군 경우는 20%에 불과했습니다.

　물려받은 것 거의 없고 내 사업을 하는 것도 아닌 일반 직장인에게 앞의 통계는 어떤 의미일까요? 월급만으로 부자가 되는 길은 없다고 여겨야 합니다. 저축으로 '안전하게' 돈이 불어나는 속도는 '리스크를 감수하는' 투자의 속도를 절대 따라잡을 수 없습니다.

자수성가형 부자와
투자가형 부자

　　　　　　직장인에게 부자의 길이 꼭 투자에만 있는 것은 아닙니다. 직장을 다니다가 창업해 부자가 된 경우나, 거의 근로소득만으로 상당한 재산을 모은 경우도 없지 않습니다. 그래서 인지 젊은 직장인들과 이야기하다 보면 재테크보다는 자기계발 쪽에 더 큰 의미부여를 하는 경우를 종종 봅니다. 내가 현재 하는 일에서 능력을 키우는 게 저축이나 수익률 몇 퍼센트보다 더 중요하다고 말입니다. 사실 제 주변을 보더라도 자기 일에 성공한 사람들은 모두 돈을 벌었습니다. 엄밀히 말하자면 돈을 벌기 위해 성공한 게 아니라 성공하니까 돈이 뒤따라온 것이지요.

여하튼 이것을 '한 방이 있는 인생'과 혼동해서는 안 됩니다. 인생 한 방으로 성공하는 사람은 한 방을 준비하는 숱한 이들 가운데 극소수만 바람을 이룰 뿐입니다. 게다가 현실에서는 대다수가 제대로 된 한 방을 준비하는 일조차 드뭅니다. 그러면서 "나중에 개인 사업하려고요.", "열심히 살다 보면 언젠가 잘되겠죠."라고 말합니다. 그럴 때 저는 딱 한마디만 되묻습니다. "뭘 어떻게 해서?"라고요. 물론 거의가 대답을 잘 못합니다. 막연한 바람일 뿐이기 때문입니다.

자기계발과 재테크, 둘 다 중요합니다. 둘 중 무엇 하나를 소홀히 할 수는 없습니다. 부자가 되는 첫 번째 조건 '분명한 목표와 의지'는 재테크에만 해당되는 게 아닙니다. 오히려 자기계발에 더욱 필요한 마음가짐입니다. 이 책에서는 대부분 재테크 부자만을 다루지만, 제가 주로 만나는 사람들 중에는 자수성가형 부자들이 훨씬 큰 부를 쌓았습니다. 자영업을 하든 사업을 하든 자수성가로 모은 부를 투자해 더욱 큰 부자가 된 이들도 있고요. 하지만 오로지 자기계발로 부자가 되었다는 이야기는 들어본 적이 없습니다.

이 세상의 부자는 크게 두 종류입니다. 자수성가형 부자와 투자가형 부자이지요. 자수성가형 부자는 내가 좋아하거나 가장 잘할 수 있는 일을 찾아 내 본업에서 성공한 케이스고, 투자가형 부자는 재테크를 잘하고 자산을 잘 불려서 부자가 된 사람들입니다. 여기에 자기계발형 부자는 없다고 여겨야 합니다.

자기계발을 하더라도 목표가 분명해야 합니다. '자수성가냐, 투자냐'라는 목표에 따라 직장인의 자기계발은 달라져야 한다는 의미입니다. 또한 자수성가든 투자든 어느 경우라도 밑천은 꼭 있어야 하므로 직장 생활 내내 재테크는 필수입니다.

저축을 무시하고
부자가 된 사람은 없다

부자가 되려면 밑천을 빨리 만들어서 반복 투자하는 게 핵심인데, 요즘 같은 저금리 상황에서는 돈 모으기가 전보다 훨씬 버거워졌습니다. 예컨대 3년간 매달 100만원씩 적금에 넣으면 지금은 세후 3,696만원으로 10년 전보다 150만원이나 덜 받게 됩니다. 적금 금리 5%와 2%의 차이이지요. 게다가 돈의 값어치는 갈수록 떨어지고 세상이 살기 좋아지는 만큼 돈 쓸 일도 많아졌습니다.

외환 위기 이후 단 하루를 맡겨도 이자를 준다는 CMA(이자 자체는 정기예금 1년 금리와 비슷합니다.)나 시중은행보다 1~1.5% 이자를 더 주는 저축은행 예적금이 인기가 높아진 것은 이 때문입니다. 하물며 보통예금 금리는 물가상승률보다 한참 못한 연 0.1~1% 정도여서 은행에 맡겨두면 가만히 앉아서 손해 보는 시절에 우리는 살고 있습니다. 하지만 세상이 그런 것을 어쩔 수 없습니다. 재산을 모으려면 어떻게든 조금이라도 더 아끼고, 더 불리는 방법을 찾아야 합니다.

금리와 수익률에
민감한 부자들

저축의 목적은 목돈을 모으는 데 있지요? 낮은 이율에도 불구하고 목표 금액을 모으는 시기를 앞당기려면 2가지 방법밖에 없습니다.

첫째, 저축의 절대 금액을 높이거나,

둘째, 조금이라도 더 높은 수익률을 좇아 예적금 옮기기

종잣돈을 모을 때 이자율 1~2% 차이는 저축의 절대 금액을 높이는 효과에 비하면 미미합니다. 쉽게 말해, 다달이 10만원을 더 저축하면 이 금액은 7천만원을 예치해야 받을 수 있는 월 이자와 맞먹습니다. 따라서 매달 5만원, 10만원이라도 더 아껴서 저축하는 생활이 먼저여야 합니다. 그다음으로는 당연히 1%라도 수익률이 높은 계좌로 자금을 옮기는 게 정답입니다. 1%라고 해봤자 얼마나 되겠어, 라고 할 수도 있을 텐데, 내 돈을 까먹을 우려가 전혀 없는 1%입니다.

저축 상품이든 투자 상품이든 부자들은 금리와 수익률에 민감합니다. "그 정도 수익률이라면 3.3% 담보대출로 자금의 절반을 충당해도 충분히 이익이 나겠네."처럼 금리와 수익률에 따른 손익 계산이 빠릅니

재테크 포탈 모네타(www.moneta. co.kr)의 스마트 금융계산기 앱 화면. 스마트폰 앱 외에 PC의 모네타 zone 에서도 예적금, 재무, 세금, 보험 등의 금융 계산을 편리하게 할 수 있다.

다. 돈 많은 사람들이야 억 단위로 자금을 움직일 테니 한 번 투자하고 기다리기만 하면 되는 1% 수익률은 결코 작지 않습니다. 이 같은 손익 계산 마인드는 그들이 부자가 되기 한참 이전에 종잣돈을 모을 때부터 몸에 밴 습관이기도 합니다. 자산이 수십 억 원쯤 되는 사람치고 투자 상담에서 "그거 얼마나 된다고요. 그냥 적당히 골라주세요."라고 말하 는 경우는 없습니다. 참고로 예적금 이자나 수익률, 적금 만기액 계산 등은 스마트폰 금융계산기 앱을 이용하면 편리합니다.

만약 저축의 절대 금액이 턱없이 적다면 그 원인을 분석해 어떻게든 대책을 세워야 합니다. 무절제한 씀씀이가 문제라면 가계부나 현금흐름표를 작성해 지출을 통제하는 습관이 우선입니다. 매달의 지출을 모두 기록해 "꼭 이 돈을 썼어야 했을까?" 하고 스스로에게 되물어보는 식으로 지출을 줄여야 합니다.

정말 아끼고 아꼈는데도 저축할 돈이 없다면요? 재테크와는 별개로 열악한 벌이가 문제의 본질이므로 거기서부터 실타래를 풀어야겠지요. 몸값을 높일 방법을 찾거나, 본업 밖에서 부가 수익을 올리는 것도 가능할 것 같습니다. 제가 아는 어느 직장인은 자기네 회사에 음료 자판기를 두고 관리하며 수익을 내곤 했습니다. 블로그 광고나 유튜브 광고, 동영상 편집, 출퇴근 카풀 서비스로 매달 몇십 만 원 용돈벌이를 하는 경우도 요즘은 흔하고요. 방법은 찾으면 뭐가 보여도 보이게 마련입니다. 그런데 직장을 다니면서 아끼고 아꼈는데도 저축할 돈이 없는 경우는 저는 솔직히 보지 못했습니다.

절대 금액 높이기, 저축은 나와의 싸움

저축의 진짜 힘은 어떻게든 아껴서 절대 금액을 높여 몇 년 동안 끈기 있게 실천하는 데에서 나옵니다. 저축은 자기와의 싸움입니다.

물려받은 것 없이 자력으로 부자가 된 사람들은 모두가 이를 악물고 저축을 해온 경험이 있습니다. 그렇게 투자 밑천을 모으고, 돈의 소중함을 일찌감치 깨달은 것도 성공 비결 중 하나입니다. 고생해서 모은 돈일수록 쉽게 쓰지 못합니다. 고생한 시절의 경험은 부자의 길을 더욱 앞당겨도 줍니다. 무엇보다 궁핍한 생활에도 저축을 손에서 놓지 않을 때 부자에의 의지는 더욱 단단해집니다.

아파트 두 채와 지방의 물류창고 등 수십 억 원 상당의 자산을 모으고 중견 제조업체에서 은퇴한 지인은 지난날의 저축 경험을 이렇게 들려준 적이 있습니다.

"난 그렇게 부자도 아니고 특별한 방법이 있었던 것도 아니야. 한 직장에 꾸준히 다니고 남들 부동산 살 때 따라서 하나둘 사다 보니까 이만큼 된 거지. 그래도 젊어서는 참 억척같이 살았어.

고등학교를 졸업하고 서울에 돈 벌러 왔는데 취직이 안 되더라구. 등록금이 많이 밀렸다고 졸업장을 못 받았거든. 그길로 고향 학교를 찾아갔지. 하지만 교무실에 가서 무릎을 꿇고 사정하는데도 안 된다는 거야. 졸업장을 찾고 싶으면 돈부터 가져오라고. 많이 서운하기도 하고 오기도 생기두만. 결국 공사판에서 반년을 일해 모은 돈으로 졸업장을 찾아왔어. 선생한테 잘 먹고 잘 사십시오, 라고 소리 지르고 말이지. 그때부터 돈을 모아야겠다는 결심을 한 거 같아. 돈은 차근차근 잘 모이더라구. 돈이 내 피 같았거든."

이분은 군대를 제대해서도 같은 회사에 군대 경력을 다 인정받으며 재입사했습니다. 군대에 가기 전부터 성실함을 인정받은 덕분이지요. 어느 정도 규모가 있는 상장사인데 이후 고졸 학력으로 재무 최고 책임자까지 오르기도 했습니다.

돈을 모으려면 돈을 아껴 저축의 절대 금액을 높이는 목표 설정이 우선입니다. 저축은 의지와 실천이 중요할 뿐 요령은 간단합니다. 직장인이라면 아래 2가지 원칙이 핵심입니다.

1. 쓰고 남은 돈을 저축하는 게 아니라 저축하고 남은 돈을 쓴다.(강제저축)
2. 지출을 관리해 씀씀이를 줄인다.(가계부, 현금흐름표 작성)

1번은 이른바 강제저축입니다. 자신의 수입과 지출, 저축 목표액을 가늠해 매달 일정액을 무조건 저축하는 것입니다. 아직 미혼이라면 월급의 50% 이상 저축을 목표로 하는 게 바람직한데, 만약 이 기준이 버겁다면 급여일에 40% 정도를 저축하고, 이후 되도록 아껴서 말일에 남은 돈을 한 번 더 저축하는 방식도 가능합니다.

예컨대 수령액이 300만원이라면 월급날에 40%, 즉 120만원을 바로 예적금 통장에 옮깁니다. 이후 최대한 아껴 말일에 10만원이든 30만원이든 남은 돈을 마저 저축합니다. 그래서 한 달에 135만원을 적금에 넣는다면 3년 만에 5천만원, 5년 10개월이면 1억원을 모을 수 있습니다.(금리 2% 적금) 월급날에 40%를 저축하고 말일에 한 번 더 저축하는 방식이 어쩌면 50% 강제저축보다 나을 수도 있습니다. 월급을 받고 나서도 늘 절약을 염두에 둬야 하고, 목표 달성에 대한 부담이 조금은 덜할 것이기 때문입니다. 물론 월급날에 50%를 무조건 저축하고, 최대한 쥐어짜서 말일에 한 번 더 저축해도 좋습니다.

가계부와 현금흐름표 작성은 지출을 관리해 씀씀이를 줄여주는 효과가 있습니다. 전부 본인이 쓴 돈일 테지만, 한꺼번에 모아놓고 보면 새는 돈이 여기저기에 보입니다. "뭘 이렇게 많이 썼어!" 하며 놀라고 또 반성하게 되는 것입니다.

그래도 월급만으로는 답이 보이지 않는 이유

부자의 자산 기준은 내가 정하면 되고, 당장의 내 연봉이나 수입에 주눅 들 필요는 없습니다. 지금 부자가 아니라고 쭉 이렇게 산다는 법은 없으니까요. 다만 월급이 뻔한데 어느 세월에 돈을 모아서 불릴까, 라는 의문은 있습니다.

월 100만원씩 모아도 1년에 1,200만원 남짓입니다. 이 정도라면 부자는커녕 치솟는 전세금을 맞추기에도 빠듯할 것입니다. 대한민국의 현실이 그렇습니다. 만약 전체 근로자 평균 연봉인 3,360만원을 받고 부양가족이 없다면 월수령액은 250만원 정도 됩니다. 이중 딱 절반인 125만원을 매달 저축한다면 6년하고도 네 달을 꼬박 적금에 넣어야 1억원이 모입니다.

월납입액 : 1,250,000원 (단리 2%, 6년4개월)

원금합계 : 95,000,000원

세전이자 : 6,095,833원 (세금 : 938,758원/15.4%)

세후수령액 : 100,157,075원

연차가 쌓이면서 연봉도 차츰 오르겠지만, 물가 또한 치솟고 가정을 꾸리면 씀씀이도 덩달아 커지게 마련입니다. 이 같은 가계 조건이라면 직장 생활 내내 돈에 쫓기며 살 수밖에 없습니다. 하물며 월급의 절반이 아니라 3분의 1쯤인 80만원만 저축하게 되면 10년을 모아야 겨우 1억원을 넘습니다. 월급 저축만으로는 도저히 안 되고, 투자에서 답을 찾아야 하는 이유입니다.

직장인 부자에게 저축과 투자는 두 개의 대들보와 같지만, 저축을 통한 목돈 마련이 늦어지면 투자 수익도 그만큼 떨어집니다. 투자는 '투자금 액수×시간의 수익률' 게임이기 때문입니다. 그래서 부자들 경험 담에는 젊을 때 악착같이 모았고 몇 번의 투자 성공 끝에 부자가 되었더라는 이야기가 거의 빠지지 않습니다. 한 가지 주목할 것은, 그들은 부자의 운명으로 갈아타기라도 한 듯이 어느 시점에 갑자기 순자산이

2배, 3배로 껑충 뛴다는 점입니다.

part 2에서는 10~30억 순자산을 모은 직장인들의 사례를 다양하게 소개할 텐데, 거의가 비슷한 패턴입니다. 직장 초년기에 열심히 종잣돈을 모아서 아파트, 땅, 재개발, 주식 등에 투자하는 식으로 자산을 불립니다. 최소한의 밑천을 마련해 은행 대출이나 전세금을 레버리지로 활용하는 재테크, 그리고 첫 번째 내 집 마련은 투자와 주거를 겸하는 게 흔히 보이는 특징이고요. 즉 공기 좋고 경치가 좋아서 내가 오래도록 살고 싶은 집이 아니라 향후 집값 전망이 좋은 곳을 우선해 첫 번째 집을 마련한다는 의미입니다.

그렇게 십 년 세월에 두어 번만 제대로 투자에 성공해도 부자의 기반을 충분히 만들 수 있습니다. 관건은 일찌감치 종잣돈을 마련해 남들보다 먼저 투자에 눈을 뜨고, 꾸준히 실천하는지 여부입니다.

현명한 투자자는
투기를 하지 않는다

직장인이 저축에만 기댈 수 없다면 투자에서 답을 찾아야 합니다. 그런데 문제는 투자를 할 때 투자가 아닌 '투기'가 되는 경우입니다. 이 둘은 어떻게 다를까요?

'내가 벌었을 때는 투자고 남들이 떼돈을 벌었다면 투기'라는 말이 있듯이, 투기와 투자는 생각하기 나름인 측면이 있습니다. 원론적으로는 단기에 고수익을 노리면 투기고 장기적인 가치 상승을 기대하며 자본을 투입하면 투자라는 구분이 가능하지만, 이게 절대적일 수는 없습니다. 투자든 투기든 어디까지나 고수익이 목적이기 때문입니다. 주식, 혹은 가상화폐처럼 매매가 잦으면 모두 투기, 부동산 장기 보유는 모두 투자라는 것도 불합리하기는 마찬가지입니다.

투자와 투기는
어떻게 다를까?

투자와 투기의 차이에 대해 가치 투자의 창시자이자 워렌 버핏의 스승인 벤저민 그레이엄은 《현명한 투자자》(국일증권경제연구소)에서 이렇게 말합니다.

"투자는 철저한 분석 아래 원금의 안전과 적절한 수익을 보장하는 것이다. 이러한 조건을 충족하지 못하는 행위는 투기다."

투기가 절대악은 아닐지라도 투기와 투자를 구별하는 태도를 그레이엄은 현명한 투자의 핵심으로 보았습니다. 현명하지 못한 투자자는 투자하고 있다고 생각하면서 실은 투기를 한다는 것이지요.

합리적인 투자 요령의 하나로서 그는 안전마진margin of safety이라는 개념을 제시하기도 합니다. 안전마진은 주식의 평가가치보다 싼 가격에 사는 것을 뜻합니다. 쉽게 말해 어떤 주식의 적정 가치가 10달러인데, 거래 가격이 8달러라면 안전마진은 20%가 됩니다. 그레이엄은 그 20%의 안전마진을 수익을 낼 수 있는 합리적인 투자의 기준으로 제시하고 있습니다. 저평가된 가격이 됐든 배당이 됐든 안전마진을 확보해 시작부터 이기는 투자를 하라는 것이 그의 지론이었습니다.

안전마진 원칙은 부동산에도 적용할 수 있는데, 부동산이든 주식이든 너무 이론적으로 접근하면 투자가 어렵습니다. 해당 자산의 내재 가치나 미래 가치에 비해 현 시세가 충분히 싸다고 확신할 수 있다면 그것이 내 투자의 안전마진이라고 할 수 있습니다.

투자에서 내가 투기를 하고 있지는 않은지 경계해야 하는 이유는 나의 예측, 혹은 바람이 어긋나는 경우에 막대한 손실을 보기 때문입니다. 정보와 테크닉이 부족한 직장인 투자자의 경우에는 더더욱 그렇습니다. 최근에 말도 많고 탈도 많았던 가상화폐 투자나 부동산 갭 투자도 그 예입니다만, 이들 투자를 모두 투기로 단정 지을 수는 없습니다. 투자와 투기 여부는 대상 자산이 아니라 투자, 혹은 투기를 하는 본인의 태도에 달려 있기 때문입니다.

아파트 갭 투자로
수익을 내는 대전제

몇 천만 원 정도의 비교적 소액으로 전세를 끼고 아파트에 투자하는 '갭 투자'가 지난 몇 년간 크게 유행했습니다. 금융 비용이 없는 전세금을 레버리지로 활용함으로써 자기 자본 비중을 최대한 낮출 수 있기 때문에 똑같이 시세가 올라도 은행권 대출의 경우보다 갭 투자의 수익률이 월등하게 높습니다. 쉽게 말해 전세를 끼고 내 돈 3천만원에 산 아파트의 시세가 3천만원만 올라도 수익률 100%가 되는 것입니다.

이론적으로는 2억원이면 아파트 10채도 사서 시세 차익을 노릴 수 있었는데, 2017년 8.2 부동산 대책 발표 후 갭 투자의 인기는 많이 시들해졌습니다. 수도권의 아파트 시세가 침체되고 매매가 대비 전세가가 떨어지는 추세, 양도세 중과세, 소득 대비 대출 한도를 크게 낮춘 총부채상환비율(신DTI)이 적용되고 총체적상환능력비율(DSR)이 도입되는 등의 영향입니다. DSR이 도입되면 전세 자금 대출, 카드 대출, 마이너스 통장 등 개인의 모든 대출이 부채로 잡힙니다. 만약 은행에서 DSR을 200%로 설정해 대출한다면 모든 금융사의 연간 원리금 상환액 합계가 연소득의 2배를 넘지 못합니다.

그런데 이 같은 시장 상황과는 별개로 애당초 적은 투자금으로 고수익을 내는 아파트 갭 투자에는 대전제가 있습니다.

1. 전세가율이 매매가의 80~90%가 되는 아파트에 투자한다.

2. 해당 아파트의 시세가 차츰 우상향하고, 이 기간 동안 전세가가 떨어지지 않는다.

2015~17년에는 이 조건을 충족하는 아파트가 꽤 많았습니다. 부동산 광풍에 휩쓸려 아파트 수십 채를 보유한 대학생 이야기가 나오기도 했지요. 그런데 믿었던 아파트 가격이 차츰 우상향이 아니라 차츰 우하향한다면? 그와 함께 전세가가 떨어지거나 세입자를 못 구하는 역전세 상황에서 여러 채의 아파트를 보유하고 있다면 투자 손실은 걷잡을 수 없이 커집니다.

향후 부동산 수요와 공급, 금리 인상, 인구 변화, 정부 시책 등이 얽히고설키며 시장 가격은 자기 자리를 찾아갈 텐데, 현명한 투자자라면 '가격이 조정받아도 결국은 오른다'는 맹신부터가 금물입니다.

물론 갭 투자라고 해서 모두 색안경을 끼고 볼 일은 아닙니다. 어쨌거나 수익을 냈다는 게 중요하고, 본인이 감당 가능한 투자라면 직장인이 부자가 되는 유효한 수단 중 하나이기 때문입니다.

사실 갭 투자라는 말이 회자되기 오래전부터 이런 식의 투자는 줄곧 있어 왔습니다. 본인은 비교적 저렴한 전세에 살면서 투자 유망 지역에 전세를 끼고 한두 채의 아파트를 구입해 시세 차익을 얻는 경우입니다. 부동산 투자가 거의 불패였던 지난 수십 년간 재산을 불리는 아주 효과적인 방법이었던 것이지요.

최근에 특히 문제가 되는 것은 투자 리스크에 대한 대책 없이 매매가와의 갭이 작은 아파트에 동시다발적으로 투자하는 경우입니다. 부동산 투기의 주범, 불로소득을 노리는 건전하지 못한 투자 행태라는 비판 때문에 부적절하다는 게 아닙니다. 어차피 투기와 투자는 동전의 양면인 측면이 있으니까 어디까지나 본인이 판단할 일입니다. 하지만 막무가내 격인 중복 투자에 본인이 감당하지도 못할 자금 순환 구조, 그래서 제삼자인 세입자에게마저 피해를 주는 투자라면 바람직하다고 할 수는 없습니다.

주위에 갭 투자를 소소하게 하는 후배가 있어서 실제 투자 비용과 손익을 물어보았습니다. 모두 3채의 아파트를 보유하고 있는데, 그중 경기도 고양시에 투자한 케이스입니다.(48쪽) 애당초 투자금 중 본인 몫은 3천만원과 불확실성에 대한 대처, 즉 리스크 감수였습니다. 하지만 이후 아파트 시세가 4천만원쯤 오르고, 반대로 전세가는 2억9천만원에서 4천만원이 내렸습니다. 내린 전세금은 대출을 받아 세입자에게 내줬으니까, 시세가 마냥 달갑지만은 않은 상황입니다.

중단기 차익을 노린다는 말은 중단기 예측, 즉 멀지 않은 미래의 시

아파트 매입가	최초 전세금	최초 투자금	취득록세 등
3억2천만원 (2016.3)	2억9천만원	3천만원	약 5백만원
현재 시세	**실투자금** (2018.2)	**이자비용**	**평가이익**
3억6천만원 (2018.6)	7,500만원 (전세금 2억5천만원)	130만원(1년)	약 3천만원

■ 고양시 아파트 갭 투자 손익 예

장 변화를 내다볼 수 있다는 뜻입니다. 내다볼 수야 있겠지요. 하지만
어느 투자 분야든 시장을 예측한다는 자체가 크나큰 모험입니다. 50%
의 확률로 예측이 빗나간다고 해도 이 절반의 확률이 참 무섭습니다.
하물며 여러 채의 아파트에 갭 투자를 한 경우는 예측이 어긋나면 곧바
로 낭떠러지입니다.

주식을 하려면 먼저
주식을 두려워해야 한다

자본주의 현장 학습의 장이라는 주
식, 하지만 잘못 들어갔다가는 막대한 수업료를 치를 수도 있습니다. 직
장인의 주식 투자라면 더더욱 어렵고 조심해야 합니다.

일단 공부해야 할 게 많습니다. 투자 회사의 수익성과 전망 분석은
기본이고 투자 지표와 차트 읽는 법, 회계, 해당업계 동향, 경제지표, 국

내 경기와 세계 경제 흐름 등을 조금씩은 다 알아야 합니다. 여기에 다년간의 투자 경험이 필수라서 내 돈으로 몇 번의 성공과 실패를 경험해야만 겨우 눈이 뜨입니다. 요약하자면 꾸준한 공부와 실전 경험이 성공 투자의 핵심인데, 때로는 많이 안다는 게 오히려 족쇄가 되어 스스로 제 발등을 찍기도 합니다.

주식이 이렇게 어렵다면 증권 시장으로 수많은 사람들이 몰리는 것은 왜일까요? 답은 간단합니다. 그래도 큰 수익을 내는 사람이 있기 때문입니다. 그 소수의 사람들은 금융 상품이나 부동산 투자는 상대가 안될 만큼의 수익을 주식 투자에서 얻습니다. 더군다나 주식 투자 자체는 진입이 어렵지 않고 초심자의 행운beginner's luck이라는 것도 있습니다. 투자 초기에 몸을 사려가며 소액으로 높은 수익률을 내는 경우인데, 이후 투자 금액을 확 올렸다가 크게 망하는 패턴으로 곧잘 이어집니다. 운이 좋아 대세 상승장에 투자를 시작해 큰 수익을 내는 경우도 더러 있습니다만, 이때의 수익은 본인의 실력 때문이 아닙니다. 투자 시기를 잘 탔을 따름이니까요.

기본적으로 주식에서 큰 손해를 본 사람들은 조용한 편입니다. 어쩌다가 수익을 내면 여기저기 돈 번 자랑을 하지요. 작년에 공기업에 다니는 친구에게서 6개월 만에 2억이 300만원이 된 하소연을 들은 적이 있습니다. 딱 반년에 이 정도이니 1~2년 만에 반토막 나는 일은 더욱 쉽습니다.(?) 연회비 천만 원의 투자 정보로 반토막 가까이 손실이 나는 경우도 어쩌다가 봅니다.

제 친구의 실패는 급등주, 테마주만 따라다니는 투자 습관 때문입니다. 보통의 직장인들은 이런 투자를 하지 않겠지만, 그에게는 누구의 말도 귀에 들어오지 않을 이유가 있었습니다. 주식 투자 초창기에 600만 원으로 2년 만에 1억원을 만든 경험 때문입니다. 급등주는 거의가 어떤 세력에 의해 움직입니다. 그 세력이란 국내외 증권사, 투자 자문사, 혹은 슈퍼 개미가 될 수도 있습니다. 내가 그 일원이 아닌 이상 매수, 매도 시점을 근사치로나마 잡아낸다는 건 우연으로만 가능합니다. 주식 투자에서는 대박도 쪽박도 결국 독이 됩니다. 낮은 수익률이나마 '수익을 꾸준히' 내는 게 중요합니다.

주식에서 꾸준히 수익을 내는 사람들을 보면 주식 투자의 본질을 잘 꿰뚫고 있습니다. 본인들은 깨닫지 못할 수도 있지만 그들은 기본에 충실한 투자 습관이 몸에 배어 있습니다.

종잣돈 5천만원으로 3년만에 5억원을 만든 후배가 있습니다. 제가 그에게 주목했던 것은 엄청난 수익률 때문이 아니었습니다. 그의 투자 비결은 저평가된 성장주 종목을 분할매수해서 가격이 비정상적으로 오를 때를 기다려 파는 게 핵심입니다. 악재와 호재에 특히 민감하게 반응하는 중소형주에서 종목을 선정해 투자하고 때를 진득하게 기다리는 방식입니다. 하락장, 혹은 폭락의 기회를 그처럼 대담하게 잘 활용하는 경우도 드물겠다는 생각이 들 정도입니다. '현명한 투자자는 비관주의자에게 사서 낙관주의자에게 파는 현실주의자다.'라는 주식 명언처럼 말이지요.(벤저민 그레이엄)

앞의 명제가 당연한 노하우처럼 보여도 대다수 개미들은 그렇게 못합니다. 우선 공포에 휩싸인 시장에서 저평가된 종목을 알아보지 못하고, 때를 기다리지 못하고, 매도 시점을 판단하지도 못합니다. 그런데 그 친구는 어떻게 가능한지 비결을 물어본 적이 있습니다. "넌 어떻게 그렇게 잘 팔고 나오냐?"라고요. 그의 대답은 이랬습니다.

"제 욕심의 딱 7할만 채워서 나와요."

일리가 있는 투자 스탠스입니다. 저평가된 종목은 공부 좀 하면 얼추 보이지만, 주가가 실적 전망이나 지표 같은 데이터에만 근거해 움직이지는 않습니다. 비합리적인 주가 움직임과 수익 욕구를 어떻게 극복하는지가 관건인데, 그는 어디까지 욕심을 내면 좋을지를 체득했고 자기 관리도 되었던 것입니다.

그게 쉬웠을 리는 없습니다. 다년간의 공부와 투자 노하우가 쌓여야 하고, 이후 실전에서 여러 번 깨지고 나서야 겨우 나만의 투자 원칙이 자리 잡을까 말까입니다. 저 역시 이십 년 넘게 주식 투자를 했어도 여전히 주식이 두렵습니다.

직장인을 위한 부자 전략,
나누어 정복하기

얼마를 모아야 부자 소리를 듣고 스스로도 만족할까요?

대한민국 상위 1%의 순자산은 최소 10억원, 평균 24억원 정도 된다고 합니다. 순자산은 자산 총액에서 부채를 뺀 것이지요. 많다면 많은 금액이고 대한민국 1%인데 그것밖에 안 돼?, 라고 할 수도 있습니다. 그러면 중산층보다 조금 더 많은 재산은 어떨까요? NH투자증권에서 발표한 〈2017 대한민국 중산층 보고서〉에 따르면 중산층이 생각하는 이상적인 순자산 규모는 6억4천만원입니다. 33평 정도 되는 집에서 살며 중형차를 몰고, 한 달에 339만원을 생활비로 쓰는 정도를 중산층으로 여깁니다. 한 달 벌이는 평균 511만원으로 대답했고요. 그에 비해 2017년 우리나라 전체 근로자의 평균 연봉은 3,360만원입니다. 이중

1억 원 초과 연봉자는 65만여 명(3.7%)이고요.

앞의 중산층 기준과는 별개로 직장인이라면 어떤 일을 하든 기본적인 생활은 됩니다. 벌이가 성에 차지 않고 일이 고달플 뿐 매달 돈이 나오는 일터가 있고 간간이 문화생활이나 삶의 여유를 즐길 수도 있습니다. 하지만 부자는 아닙니다. 부자가 되고는 싶어도 마땅한 방법이 보이지 않고, 일에 쫓기다 보면 재테크 따위는 나중 일로 미루며 하루하루를 삽니다. 상당수 직장인들의 현실입니다.

당신은 부자에의
욕망이 있습니까?

사람들은 자신이 안전지대에 있다고 생각되면 거기에 안주하려는 경향이 있습니다. 새로운 변화는 모험일 수 있고 많이 번잡하기도 하기 때문입니다. 삶의 지향점이 없으니까 눈앞의 일들만 처리하며 살아가기 십상입니다. 그렇다고 앞날에 대한 걱정이 없는 것은 아닙니다. 돈을 더 벌어야 하고 출세도 해야 합니다. 미래에 대한 막연한 불안을 느끼기도 합니다. 하지만 그뿐입니다. 대안의 모색이나 실천이 뒤따르지 않습니다.

책의 처음에서 부자가 되거나 뭔가를 성취하는 사람들의 비결을 2가지로 정리했습니다. 분명한 목표와 의지 갖기, 그리고 나만의 안목과 효율적인 방법으로 꾸준히 노력하기입니다. 이것은 자기 삶에서 무언가를 이룬 사람들의 특징입니다.

그에 비해 고만고만하게 사는 사람들의 특징은 뭘까요? 딱히 아무것도 하지 않기입니다. 꼭 해야 할 일들은 자의 반 타의 반으로 해도 그 이상의 실천은 없습니다. 뭐라도 해야 할 것 같지만 차일피일 미루거나 부정적인 생각만 가득합니다. 핑곗거리는 많습니다. '버는 게 뻔한데 어떻게, 그렇게 모아서 어느 세월에' 등입니다. 현실에 안주하며 딱히 아무것도 하지 않기, 이것이 바로 가난한 사람들의 생각 습관이자 부자의 길로 들어서지 못하는 결정적인 이유입니다.

주위에 이런 직장인들은 정말 많습니다. 저는 그렇게 살지 않았다거나 가난하다는 게 나쁘다는 뜻은 절대 아닙니다. 오히려 부자일수록 더 이기적입니다. 공동체 의식이 빈약하고 자기 손익에 철저합니다. '자본주의 사회는 자산의 크기가 곧 신분이다.'라며 돈으로만 사람을 평가하는 부자를 만난 적도 있습니다. 이 또한 가치관의 문제이므로 마음에는 들지 않아도 제삼자가 관여할 바는 아닙니다. 누구든 부자 되기를 마다할 사람은 거의 없을 것이고, 그들은 스스로 일깨운 부자에의 욕망에 책임을 다했을 뿐입니다.

내 안의 부자 욕망이 분명한 목표와 의지, 효율적인 방법으로 꾸준히 노력하기로 이어집니다. 앞에서 언급한 안하무인의 부자도 마찬가지입니다. 그에게는 부자가 되는 것이 인생의 성공이자 신분 상승이고, 본인이 꿈꾸는 행복입니다.

부자를 희망하는 것만으로는 부족합니다. 희망은 잠깐 긍정적인 기분만 들 뿐 이내 아무 일 없다는 듯이 고달픈 현실로 되돌아와야 합니다. 부자가 되려면 먼저 부자를 욕망할 수 있어야 합니다. 부자에의 욕망이 있어야 부자로 향하는 길이 눈에 들어오고, 십 년 이십 년 동안 그 길 위에서 견딜 수도 있습니다.

10년 동안의
부자 로드맵

뭐든 꾸준히 하다 보면 습관이 됩니다. 저축, 재테크도 마찬가지입니다. 초등학교 때부터 돈 모으는 습관을 실천해온 아이가 대학 등록금을 제 돈으로 냈다며 자랑하는 지인이 있습니다. 대학 내내 아르바이트를 하고 군대에서도 월급으로 적금을 들었다는 어느 친구는 사회생활을 시작할 때 이미 3천만원을 모으기도 했습니다. 그 같은 '저축의 생활화, 재테크의 생활화'는 지금부터라도 시작되어야 합니다.

지난 시절의 이야기는 할 필요 없습니다. 직장인들과 주식 이야기를 하다 보면 '아, 그때 그 주식을 샀으면 지금 얼마를 벌었는데' 같은 말을 가끔 듣습니다. 다 부질없습니다. 왜냐하면 첫째, 그때처럼 유망한 주식을 찾을 역량이나 의지가 지금도 여전히 없습니다. 예전에 못 샀듯이 지금도 못 삽니다. 둘째, 예전에 그 주식을 샀어도 조금 오르자마자 바로 팔아치웠을 것입니다. 그렇게 팔고 끝이면 괜찮은데, 팔고 난 후에 계속 오르니까 다시 뛰어들었다가 처음에 번 돈 이상을 까먹는 케이스는 아주 흔하디흔한 패턴입니다.

부자가 되기로 마음먹었다면 지금 분명한 목표를 세우고 의지를 굳

건히 해야 합니다. 목표는 1∼3년의 단기와 3∼5년의 중기, 10년의 장기가 바람직합니다. 그와 함께 투자 안목을 넓히고 재테크 방법을 구체화해줄 공부를 바로 시작해야 합니다.

아주 옛날 우르르 몰려다니면서 전쟁을 하던 시절에 가장 많이 이용되었던 전략은 '분리하라 그리고 정복하라divide and conguer'였습니다. 하나하나씩 거점을 공략해나가는 전략인데, 이는 목표 달성의 기본 원칙이기도 합니다. 당장은 까마득해도 목표를 하나하나 성취할 때마다 우리는 그만큼 더 부자에 다가갑니다.

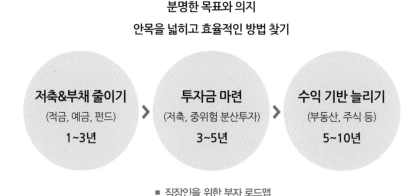

분명한 목표와 의지
안목을 넓히고 효율적인 방법 찾기

저축&부채 줄이기
(적금, 예금, 펀드)
1~3년

투자금 마련
(저축, 중위험 분산투자)
3~5년

수익 기반 늘리기
(부동산, 주식 등)
5~10년

■ 직장인을 위한 부자 로드맵

직장인을 위한 부자 로드맵은 당연히 절대적인 게 아닙니다. 사람마다 상황이 다르고 나에게 잘 맞는 재테크, 투자 성향이란 것도 있기 때문입니다. 예컨대 돈이 되고 안 되고를 떠나서 고위험 투자가 기질적으로 맞지 않는 사람은 분명 있습니다. 투자 결과가 예상을 크게 벗어나면 그것만으로 안절부절못하며 판단을 더더욱 그르치는 경우입니다. 알파고 같은 인공 지능이 아닌 이상 돈 몇 천만 원이 왔다갔다하는데 냉철함을 유지한다는 게 쉽지 않으니까요.

그런 한편으로도 재테크 단계에 따른 수단 선택은 정말 중요합니다. 일례로 주식과 부동산 투자는 각각 장단점이 있지만, 만약 1년 동안 주식으로 30% 수익을 내는 경우와 부동산으로 10% 수익을 기대할 수 있다면 현실적으로 어느 쪽이 더 유리한 투자일까요?

이 정도의 수익 목표로 누가 의견을 물어온다면 저는 주식 투자를 말리고 부동산을 권합니다. 고위험인 주식은 그 특성상 고액 투자가 어려운 반면에 부동산은 레버리지(대출)를 활용해 고액 투자를 하더라도 주식보다 훨씬 안전하기 때문입니다. 쉽게 말해 주식 투자 3천만원의 30% 수익은 900만원인 데 비해 레버리지를 활용한 부동산 투자 3억원(2억원 대출)의 10% 수익은 3천만원 가까이 됩니다. 원금 손실 가능성은 주식이 부동산보다 훨씬 높고요.

부자들의 자산 포트폴리오를 보더라도 사업가든 직장인이든 투자 초기에는 부동산이 중심 자산이고 이후 금융 자산 비중을 늘리는 게 일반적입니다. 이를 거꾸로 해석하면, 밑천 모으기 직후 단계부터 금융 자산 중심의 고위험 투자를 주로 한 사람들은 별로 살아남지 못했다는 뜻이기도 합니다. 그렇다고 투자 초기에 돈을 벌려면 '무조건 주식(혹은 펀드)보다는 부동산'도 또 하나의 편견입니다. 각자의 자금 상황과 투자 성향을 따져보는 게 먼저입니다. 주식과 부동산 투자는 전혀 다른 분야이지만, 일맥상통하는 바가 아예 없는 것도 아닙니다. 예컨대 주식의 저평가 우량주는 위치 좋고 다 좋은데 부동산 시세는 그에 한참 못 미치는 땅과 매한가지일 것입니다. 고배당주는 임대 수입이 꾸준한 수익형 부동산, 삼성전자는 강남 아파트쯤으로 볼 수 있습니다. 주식이든 부동산이든 정말 중요한 것은 해당 자산의 미래 가치와 수익 전망, 그리고 그 투자를 감당해낼 만한 각자의 역량입니다.

부자를 만드는
부부의 돈 궁합

부자 로드맵에서 저축과 재테크, 단계에 따른 투자 대상을 정할 때에는 꼭 짚어봐야 할 게 있습니다. 바로 배우자와 비전 공유하기, 통장 합치기, 자산 관리 주체 정하기를 소홀히 하지 않았는지 여부입니다. 소홀 정도가 아니라, 이것은 별 다섯 개도 모자를 만큼 중요합니다. 맞벌이든 아니든, 돈을 모으는 단계에서도 투자의 단계에서도 부부라면 서로 마음을 맞춰 계획하고 노력해야 합니다. 쉽게 말해 "내가 잘 먹고 잘살게 해줄게."가 아니라 "우리 함께 잘 먹고 잘살자."가 되어야 하는 것입니다.

일전에 서울의 어느 재건축 아파트에 4억2천만원을 투자해(대출 2억원) 1년 만에 1억원 넘게 올랐다는 부부와 식사를 한 적이 있습니다. 부동산 투자에 관심이 많은 와이프는 아파트 시세가 3억원대 초반이던 때부터 투자를 주장했지만, 남편은 예나 지금이나 아파트에 투자하던 시대는 끝났다며 계속 반대하다가 마지막에 결국 찬성으로 돌아섰습니다. 그는 부동산보다 주식 투자를 선호했는데 정작 부인은 남편의 투자금 규모도 잘 모르고 있었습니다. 와이프는 남편 때문에 추가 1억여 원의 수익을 놓쳤다고 타박하고, 남편은 "아파트 가격이 미친 게 왜 내 잘못이냐?"며 언성을 높이는 바람에 누구 편을 들어야 할지 난감했던 기억이 있습니다.

이 경우에는 투자 관리를 부인 쪽이 맡는 게 맞습니다. 기본적으로 돈 관리는 남자, 여자를 떠나서 잘 관리하고 투자 감각이 뛰어난 쪽이 맡아야 합니다. 단, 모든 과정과 결정은 의논을 통해 이루어져야 하지요. 한 배를 탄 두 사람이 각각 따로 노를 젓거나 혼자만 저어야 한다면 돈은 돈대로 안 모이고 '왜 나만'이라는 생각이 들게 마련입니다. 부자의 목표는 아직 저만치 멀리 있는데 말입니다.

부부 간에는 겉궁합, 속궁합 말고도 돈 궁합 또한 있습니다. 경제관념과 씀씀이 차이에 따른 부부 트러블을 막는 것은 물론, 부자의 목표를 앞당기기 위해서라도 부부는 돈에 대한 서로의 생각, 관리 방법, 목표 등을 꾸준히 맞춰야 합니다.

부자가 되려면
돈이 나를 좇아야 한다

가정 경제의 자산 개념부터 살펴보겠습니다. 부채도 자산이라는 말들을 하지요? 예컨대 3억을 대출받아 5억짜리 아파트를 보유하고 있다면 자산이 5억에 부채가 3억, 순자산은 2억입니다. 2억만 있어도 5억 자산이라니 뭐 이런 허울 좋은 계산이 있을까요?

자산과 부채는 원래 기업 회계의 개념입니다. '자산(총자산) = 자본(순자산) + 부채'입니다. 여기서 자산은 '여하튼 내 돈'이고 부채는 '빌린 돈', 그리고 자본(순자산)은 '순수하게 내 돈'으로 이해하면 됩니다. 기업 회계에서 부채를 함께 자산으로 인식하는 이유는 부채가 기업의 수익 창출에 역할을 하기 때문입니다.

가정 경제라고 크게 다를 바 없습니다. 재테크 측면에서 부채가 자산에 속하는 것은 그 돈을 굴릴 권리가 내게 있다는 게 핵심입니다. 다만 재산을 따질 때는 순자산을 일컫는 게 맞습니다. 순수하게 내 돈만이 내 재산인 게 이치에도 맞고, 앞으로 돈을 더 불려야 하는 입장에서도 순자산의 증가에 주의를 기울이는 게 합리적입니다.

자산과 부채의 개념 바로잡기

오래전에 로버트 기요사키는 《부자 아빠 가난한 아빠》에서 자산과 부채의 개념에 대해 흥미로운 관점을 제시했습니다. '자산은 내 주머니에 돈을 넣어주는 것이고, 부채는 주머니에서 돈을 빼내가는 것'이라는 기준입니다. 그에 따르면 수익을 내지 못한 채 관리비, 세금, 이자 비용이 빠져나가는 주택은 자산이 아니라 부채입니다. 신용카드는 당연히 부채이고 자동차 또한 보험금, 유지비 등이 빠져나가므로 부채입니다. 반면에 자산은 임대 부동산, 사업, 주식, 채권, 지적 자산 등이며, 부자는 자산을 사고 중산층은 부채를 사면서 자산으로 여긴다고 설명합니다.

아파트 시세 차익을 염두에 둔 투자는 자산이 아니냐고 생각할 수도 있지만, 회계로는 자산이 맞아도 수익이 확정될 때까지는 부채로 보는 것도 타당합니다. 집값이 어떻게 될지 앞날은 알 수 없는데다가 팔기 전까지는 이자 비용 같은 돈이 계속 빠져나가니까요. 더욱이 과도한 대출로 주택을 구매하는, 이른바 하우스푸어라면 더더욱 부채에 가깝습니다. 내 집이 아니라 은행 집이지요. 반면 임대 부동산은 임대 수익이 발생하므로 자산에 해당합니다.

기요사키의 말은 결국 투자가나 사업가가 되라는 것이어서 직장인들이 처한 현실과 동떨어지고 막연한 측면이 있기는 합니다. 하지만 지출로 이어지는 부채를 줄이고 이익을 창출하는 자산을 늘려야 한다는 지침만큼은 명심하는 게 좋습니다. 물론 어떤 자산에 어떻게 투자해야 하는지는 부자가 되는 내내 풀어야 할 숙제입니다.

부자는 돈의 길목을 지키는
투자를 한다

'내가 돈을 좇을 게 아니라, 돈이 나를 좇도록 해야 한다.'

부자들의 경험담을 담은 책을 보면 간간이 나오는 화두입니다. 돈을 좇아다니지 말라니, 처음에는 이게 뭔 말인가 싶었습니다. 죽기 살기로 돈을 좇아도 쉽지 않은 게 돈벌이인데, 돈이 나를 좇도록 한다고 돈이 그냥 따라붙는답니까?, 라는 의문이었지요.

하지만 이 가르침은 사실이었습니다. 금융 쪽 일을 하면서 돈을 좇다가 망한 사람들을 적지 않게 봐왔습니다. 그와는 반대로 돈이 자신을 좇을 때까지 진득하게 기다린 끝에 부자가 된 사람들도 정말 많았고요. 이 책에서 소개하는 부자 직장인과 큰 손실을 본 직장인들도 실은 이 두 부류로 나눌 수 있습니다.

"고수는 흐름을 보고 미리 투자하며, 중수는 흐름을 따라가며, 하수는 결과를 확인한 후에 따라간다."는 말이 있습니다. 그래서 고수는 돈을 벌고, 중수는 벌 때도 있고 잃을 때도 있으며, 하수는 물려서 큰 손실을 보는 일이 다반사입니다.

돈을 좇다가 망하는 사람들은 돈만 쳐다봅니다. 사람은 투자든 노름이든 판돈이 커지면 판단력이 흐려지게 마련입니다. 돈에 대한 욕심과 두려움이 지극히 상식적인 결정마저도 가로막습니다.

1억원을 투자해서 '잘만 하면' 2억, 3억도 된다고 믿습니다. 옆에서 들으면 말도 안 되지만, 정말 그 같은 확신 속에 빠져서 투자합니다. 돈을 벌기는커녕 그러다가 큰 손실을 입어도 자기 잘못을 깨닫지 못하는 사람도 있습니다. 1억원이 5천만원으로 반토막 나도 "치고 올라갔어야 정상인데, 갑자기 OO하는 바람에 ㅠ"라며 돌발 상황 때문이라는 평계를 댑니다. 합리적인 분석도 원칙도 없이 투자한 결과입니다. 리스크 관리나 상황 변화에 따른 대응 따위도 안중에 없습니다. 어떻게 그처럼 무지막지한 투자가 가능하냐고요? 가능합니다. 돈을 좇다 보니까, 돈만 보이고 다른 건 눈에 들어오지 않습니다.

'여기 땅값이 3년 전만 해도 평당 800만원인데, 지금은 두 배로 뛰었다더라.', '그 주식이 몇 배로 뛰었더라.' 같은 대화를 주고받는 일이 있을 것입니다. 돈이 몇 배로 뛰었다는 말은 투자 초보자의 마음을 흔들기에 참 좋습니다. 이제껏 시세가 오른 것만을 보며 시장의 검증이 끝났다고 여깁니다. 결국 그는 지금이라도 투자해야 할지 말지를 고민하기 시작합니다.

그에 비해 부자들은 돈이 들어오는 길목을 지키는 투자를 합니다. 그들은 자산 가치가 급등하기 한참 이전부터 매집을 끝내고 때가 오기만을 느긋하게 기다립니다. 당장 눈앞의 돈을 보는 게 아니라 미래의 가치를 가늠하기 때문입니다. 물론 시장이 예측한 그대로 딱딱 맞아떨어지는 일은 거의 없습니다. 그래도 흐름을 제대로 읽은 이상은 얼마든지 큰 수익을 냅니다. 시장성이 높은 투자처는 시간이 흐를수록 진가가 드러나기 마련이고, 그 와중에 돈을 좇는 사람들이 숱하게 들어왔다 나가며 자산 가치를 높여놓기 때문입니다.

앞으로 살면서 돈이 얼마나 필요할까요?

공군 조종사 한 명을 양성하는 데 드는 비용이 14억원이라는 기사를 본 적이 있습니다만, 서너 식구가 한 평생을 살자면 10억원도 결코 많은 게 아닙니다. 이제라도 돈을 모으기로 결심했다면 미친 듯이 모아도 모자를 판입니다. 나이를 먹을수록 돈은 더 필요하고, 남은 시간은 점점 더 줄기 때문입니다.

젊어서든 늙어서든 우리 삶에는 꼭 필요한 때에 꼭 필요한 돈이 있습니다. 사치가 아니더라도 그렇습니다. 그 필요 자금이 20~30년 동안 분산된다는 게 그나마 다행입니다. 여하튼 돈을 최대한 많이 모아야 하고 그다음의 대책으로는 수익 전망이 좋은 투자 자산 갖기, 월급이 없어질 노후를 위한 연금 보험도 필요합니다. 보험 설계사들의 권유 때문이 아니라 인공 지능에게 재테크를 맡겨도 보험이나 연금에 일정 비율의 자금을 투자합니다. 대다수 사람들에게 그것이 가장 합리적인 대책인 것입니다. 특히 부자들이 연금이나 보험을 더 선호하는 경향이 있는데, 비과세 혜택(10년 이상 보유하는 등의 조건 충족시)과 상속세 납부용으로도 쓸모가 있기 때문입니다.

은퇴가 가까워질수록 투자는 안전하게, 보수적으로 하는 게 원칙입니다. 그래서 직장인이라면 한 살이라도 젊을 때부터 투자를 통한 자산 증식에 눈을 돌려야 합니다. 굳이 부자가 아니더라도 안락한 삶을 위해서는 지금보다 훨씬 많이 재산을 불려야 하고, 그 방법은 투자밖에 없으니까 말입니다.

그들은 어떻게
부자의 꿈을
이루었을까?

먼저 알아보고 선점하는 게
투자의 핵심

아파트와 땅, 이주자택지 투자
서OO 부장, 48세 | 순자산 30억원

직장인 재테크의 교과서 같은 삶을 살아온, 서 부장이라는 지인이 있습니다. 지방 대학을 나와 중소기업에 다니며 결혼 즈음에는 빌라 전세금만 겨우 마련한 정도였는데, 20여년이 흐른 지금은 30억 정도의 재산을 모았습니다.

서 부장의 처음 시작은 여느 평범한 직장인과 별반 다르지 않았습니다. 오히려 초년기에는 '잘 안 풀리는 인생'의 전형에 가까웠습니다. 어려서는 공부를 꽤 잘했는데, 어쩌다 공부와 담을 쌓게 되고 지방 대학의 산업공학과를 졸업했습니다. 그나마 군대를 제대한 후에 취업 관련 자격증을 여럿 따고 어학연수를 다녀오고 도서관에서 살다시피 하며 노력했지만, 대기업 입사에는 번번이 실패했습니다. 지방대이기는 해도 당시에 이공계의 대기업 취업이 그렇게 어렵지 않았기 때문에 그의 좌절감은 아주 컸습니다. 열심히 공부하던 친구들은 물론이고 당구장에서 죽치며 공부에 거의 손을 놓았던 친구도 번듯한 직장에 들어가곤 했던 시절이었으니까요.

몇 번의 실패 끝에 'OO전자'라는 중소기업에 들어간 그는 돈을 모아야겠다는 결심을 합니다. 직장이 있으니까 생활이야 어떻게든 되겠지만, 앞날에 대한 불안 해소와 추락한 자존감을 회복하는 방편으로서 부자가 되어야겠다는 목표를 세운 것입니다.

자산이 웬만큼 되는 지금도 구형 아반떼를 타고 다닐 만큼 검소함이 몸에 배어있는지라 투자 밑천을 모으는 일은 크게 어렵지 않았습니다. '있는 자리에서 최선을 다하자'는 그의 장기이기도 했습니다.

안양의 작은 빌라에서 신혼을 시작한 무렵부터 그는 수시로 부동산 사무실을 찾아다녔습니다. 중소형 아파트 분양권 매수로 첫 투자 방향을 정하고는, 현장에서 일하는 중개사들의 목소리를 들으며 매물 정보를 확인하고 투자 가치를 검증하는 식이었습니다. 그는 주변의 오래된 아파트 시세가 차츰 오르는 상황에서 대단지 신규 아파트의 미래 가치에 확신을 가질 수 있었다고 말합니다. 약간의 프리미엄을 지불했지만, 아파트가 완공되면 그보다 많은 차익을 거둘 거라 여겼습니다. 실제 건물과 생활 편의성이 눈으로 확인되어야 그때 비로소 몰리는 투자 수요도 분명히 있을 것이기 때문입니다.

그렇게 의왕시 오전동에 있는 24평 아파트의 분양권을 샀고 시세가 한창 오르던 2006년 말에 되팔았습니다. 약 5년의 기간에 1억5천만원의 시세 차익을 얻었는데, 이로써 빌라 전세금이 거의 전부였던 그의 재산 1억5천만원은 두 배가 되었습니다.

좋은 부동산은 찾으면
눈에 띄게 마련

서 부장의 두 번째 투자는 서판교의 아파트 청약이었습니다. 분양가는 2억9천만원(24평)이었는데, 2007년 당시는 동판교 그리고 중대형에 수요가 몰렸던 터라 큰 어려움 없이 계약할 수 있었습니다. 청약 경쟁이 요즘처럼 심하지 않았고 분양권 전매에 대한 규제도 거의 없을 때였습니다. 지금이야 위장 전입과 위장 이혼을 해서라도 청약 자격을 갖추려는 사람이 있을 만큼, 도심권 아파트 청약은 자산 증식의 기본으로 통하고 있지요.

서판교 아파트의 투자 결심이 쉽지만은 않았습니다. 그들 부부는 오산의 작은 아파트에 살면서 전세를 끼고 3억원 가까이나 하는 아파트를 샀던 것이니까요.(전세 보증금 2억원, 은행 대출 5천만원 활용) 하지만 부부가 고민을 거듭한 끝에 서울과의 접근성, 신분당선 같은 교통 편의성에 더해 중소형 아파트라는 점에서 선점해 보유하고 있으면 나중에 어떤 호재가 생겨도 생길 것이라는 판단을 한 게 주효했습니다. 실제로 이 아파트의 현재 시세는 8억원 정도 하는데, 향후 서판교역과 제2 테크노밸리 개발 또한 예정되어 있습니다.

물론 투자 초창기에는 실패도 있었습니다. 본인이 잘 아는 동네이고 저렴하다는 이유로 매입한 경기도 오산의 아파트에서는 이렇다 할 수익을 얻지 못했습니다. 돌이켜보면 신도시가 아니고 역세권과도 거리가 멀어서 가격 상승에는 한계가 있을 수밖에 없었습니다. 살 때에 비용 부담이 크지 않았고 투자 리스크가 적었을 뿐이었지요.

교통 호재가 큰 영향을 미친 사례는 땅 투자를 했을 때도 마찬가지였습니다. 처제가 이천에 살고 있어서 자주 방문하게 되었는데, 2011년 당시에 부발역이 생길 것이라는 소문을 우연찮게 들은 게 투자의 직접적인 계기였습니다. 그는 다시금 여러 부동산을 방문하며 땅 투자 전망을 따져보았습니다. 돈이 되는 부동산은 발품을 팔며 열심히 찾으면 뭐라도 눈에 띈다는 게 그의 지론입니다. 그러던 차에 부발역에서 1km 정도 떨어진 도로변의 땅 160평이 매물로 나와 평당 135만원에 매입했습니다.(매입가는 2억1,600만원) 이후 7년이 지난 2018년 현재 이곳은 평당 250만원 이상으로 시세가 올랐습니다. 2016년에 판교와 여주를 지나 강릉까지 이어지는 경강선이 개통되어 부발역 이용객이 더욱 많아졌고, 향후 중부내륙철도 환승역으로 개발될 예정이라 여전히 지가 상승이 기대된다고 합니다.

비상장 주식 투자로 7억, 이주자 택지로 4억을 벌다

서 부장은 아파트 투자로 수익을 낼 무렵부터 주식에도 관심이 많았습니다. 투자금이 많고 적음을 떠나서 수시로 증권사를 찾아가 조언과 정보를 얻곤 했습니다. 하지만 큰 금액을 주식에 투자한 것은 자기 회사 주식뿐입니다. 그의 주식 투자 성향은 부동산 투자와 비슷해서 나름의 분석으로 확신한 끝에 장기 투자를 하려는 쪽이었습니다. 하지만 주식은 중장기 예측이 어렵고, 잘못된 확신은 큰 손실을 가져올 수 있기 때문에 제가 말렸습니다. 대신에 저는 그가 다니는 회사의 비상장 주식 투자를 권했습니다. 상장되지 않았을 뿐 본인이 가장 잘 알고 있는 회사고, 회사와 함께 성장할 수 있다는 확신도 있었기 때문입니다.

그는 대리 때부터 보너스를 받거나 여윳돈이 생길 때마다 장외주식 시장(유망 중소기업의 비상장 주식을 거래하는데, 수익률이 높은 만큼 리스크도 큽니다.)에서 회사 주식을 사모았습니다. 이후 증시가 좋아지면서 벤처 주가가 급등할 때 절반을 처분했고 상장 후에 나머지도 정리했습니다. 이렇게 해서 얻은 차익은 무려 7억원이었습니다. 오랜 시간을 회사와 내가 한 몸이라고 생각하며 저축하듯이 투자한 돈이 운 좋게도 자산이 늘어나는 지렛대 역할을 톡톡히 한 것입니다.(참고로 임원이나 대주주 등의 내부자가 미공개 정보를 활용해 주식을 매매하는 것은 금지되어 있고, 우리 사주 투자로 큰 손실을 보는 경우도 있으므로 유의해야 합니다.)

이때가 2014년 무렵이었는데, 어느 정도 자산이 모였음에도 그는 여전히 검소한 생활과 투자 공부를 이어 갔습니다. 자금 여력이 있었으므로 투자 범위는 더욱 넓어졌지만, 여전히 주식에는 손을 대지 않았고 부동산 투자에도 신중했습니다.

그런 끝에 또 한 번의 투자 기회가 찾아왔습니다. 동탄의 이주자 택지에 5억원을 투자해 현재 4억원 이상 오른 상황입니다. 이주자 택지는 대규모 개발 지구에서 원주민(철거민)에게 주어지는 단독주택, 혹은 점포 겸용 택지를 뜻합니다. 서판교 아파트를 구입할 무렵에 이주자 점포 겸용 단지가 주변에 많이 생기면서 처음 관심을 가지게 되었는데, 광교 지역에서도 이주자 택지 투자가 활성화되는 것을 확인한 게 성공을 직감한 계기였습니다. 그는 이주자 택지가 돈이 된다는 판단 아래 또 다른 기회가 오기만을 기다렸습니다.

마침내 동탄2신도시 지역이 개발되며 이주자 택지를 매입할 기회가 생겼습니다. 이주자 택지는 토지의 위치에 따라 가격 차이가 큰 편인데, 그는 코너 자리에 일조권 사선 제한이 없는 토지를 매입할 수 있었습니다. 일조권 사선 제한이란, 전용주거지역과 일반주거지역의 건축물이 정북 방향의 인접 건물 일조권을 침해하지 않도록 일정 거리를 띄우거나 상층부를 사선으로 지어야 하는 규정을 말합니다. 또한 코너 자리는 도로의 좌우측 양쪽에서 보이고 접근성도 좋기 때문에 투자 가치가 높다고 할 수 있습니다. 다시 말해, 아직 건물이 없고 택지만 있는 상황에서도 좋은 위치를 확보한 셈입니다. 자금을 마련해두고 발품을 부지런히 팔았던 게 큰 수익으로 이어진 것이지요.

그밖에도 서 부장은 최근 동탄의 중심 상가 1층을 매입해 300만원 정도의 월세 수익을 얻고 있습니다. 하지만 상가 공실을 경험한 후에 임대료도 한 차례 내려주는 등 투자 수익성은 한동안 더 기다려봐야 하는 듯합니다.

부동산 투자로 경제적 여유가 생기면서 서 부장은 성균관대학교 대학원에 진학해 석사학위를 받는 등 더 나은 삶을 위해 20년을 꾸준히 노력하며 살아왔습니다. 그의 투자 성공은 돈이 될 만한 부동산을 먼저 알아보고자 정보에 늘 귀를 기울이고, 올바른 판단을 위한 공부와 노력을 아끼지 않은 결과라고 할 수 있습니다. 부자가 되어야겠다는 목표와 끈기가 그 원동력이 되었고요.

무엇보다 그가 부자가 된 비결의 핵심은 직장 초년기에 열심히 밑천을 모으고 이내 투자로 방향을 잡은 데에 있습니다. 방향이 올바른 위에 투자 안목과 요령이 생기다 보니까 그의 자산은 시간이 흐를수록 더욱 가파르게 늘어났습니다. 처음 한두 번의 투자가 성공한 이후에는 이전보다 수월하게 '돈이 돈을 벌어오게' 되었기 때문입니다. 서 부장은 2008년의 금융 위기 이후 세계적으로 양적완화가 진행되어 자산 가치가 크게 상승한 덕을 보았다고 말하지만, 이는 세상 사람들 모두에게 해당하는 사항입니다. 남들처럼 힘들게 직장 생활을 하면서도 그는 이 기회를 놓치지 않았습니다.

■ part 2 부자 직장인 사례자들의 투자 및 자산 이력서는 해당 연도와 금액이 실제와 다소 차이가 날 수도 있습니다. 과거의 자산 시세와 계약서 등을 확인하는 등 기억을 최대한 떠올리게 하고자 노력하였으나, 그 한계에 대해서는 양해해주시면 고맙겠습니다. – 저자 주

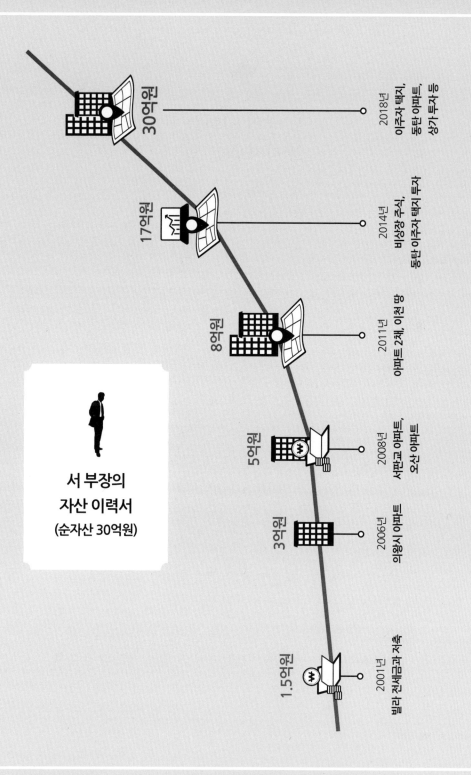

서 부장의
자산 이력서
(순자산 30억원)

30억원

2018년
이주자 택지,
동탄 아파트,
상가 투자 등

17억원

2014년
비상장 주식,
동탄 이주자 택지 투자

8억원

2011년
아파트 2채, 이천 땅

5억원

2008년
서판교 아파트,
금산 임야

3억원

2006년
의왕시 아파트

1.5억원

2001년
빌라 전세금과 저축

인생의 기회를
놓치지 않는 법

역세권 소형 아파트 투자

장OO 차장, 39세 | 순자산 20억원

직장인에게는 내 집 마련이 부자가 되는 첫 번째 디딤돌이 되는 경우가 많습니다. 평수가 작거나 어느 정도 대출이 끼어있는 것은 문제가 되지 않습니다. 안정적인 직장이 있다면 대출은 오히려 장점일 수도 있습니다. 대출 변제와 팍팍해진 살림에 맞춰 지출을 계획적으로 하기 때문입니다. 돈이 없으면 덜 쓰게 되고, 채무가 있으면 생각해서 쓰는 게 사람의 심리입니다. 자산 가치 상승에 따른 수익은 물론 강제저축도 가능해지는 것이지요. 내 집을 마련함으로써 부동산 투자에 눈을 뜨는 계기가 되기도 하는데, 이 또한 큰 장점입니다.

집을 일찍 장만한 덕분에 부자의 기반을 다진 직장인 후배가 있습니다. 그가 원래부터 투자에 재능이 있었던 것도 아니고 펀드나 주식 같

은 고위험 투자를 하는 것도, 집 한 채 장만해서 엄청난 수익을 얻은 것
도 아닙니다.

올해 39세인 장 차장은 15년차 직장인입니다. 대기업이라 연봉이
꽤 높은 편에 속하지만, 집을 마련하기 전의 재테크는 특별한 게 없었
습니다. 일단 그는 월급의 30%는 무조건 적금에 넣었습니다. 연말 성
과급도 꽤 나오는 편인데 이 또한 저축에 보태는 게 재테크의 거의 전
부였습니다. 그러다가 2009년에 아파트 한 채를 매입합니다. 투자 목
적이라기보다는 결혼을 일찍 해서 아이가 생겼으니까 작아도 내 집은
있어야 할 것 같아서 장만했을 뿐입니다.

이것이 그가 부자의 길로 들어서게 된 결정적인 계기가 되었습니다.
인생에는 세 번의 기회가 있다는 말들을 하지요? 그는 첫 번째 집을 장
만하면서 그 기회를 보았고, 놓치지 않았습니다.

첫번째 내 집 마련은
빠를수록 좋다

직장인 가정의 재산은 결혼 후 자녀
가 생긴 다음부터 본격적인 차가 생깁니다. 그때까지 모아둔 현금성 자
산에 더해, 투자 자산이 있고 없고에 따라 이후의 자산 증가 속도에 큰
차이가 나는 것입니다. "결혼했으면 집부터 장만해라."는 어른들의 말
씀은 그 같은 상황을 현실에서 체득한 지혜이지요. 전세금 대느라 허덕
이고, 이사 다니느라 비용 나가고, 그럼에도 전세금의 돈 가치는 물가상

승률만큼 뚝뚝 떨어지게 두지 말라는 것입니다.

사람들은 대개 '꾸준히 많이 벌어놓은 다음에'보다는 '위험해도 한 방'을 선택하는 경우가 많습니다. 장 차장의 주변 직장인들도 거의 그랬습니다. 당장에 기대수익이 높은 주식 투자를 주로 하는 듯했습니다. 고위험 투자를 하는 사람들은 흔히 번 돈은 부풀려서 말하고 잃은 돈은 줄여서 말하는 특성이 있습니다. 옆에서 들리는 이야기가 온통 주식이다 보니까 처음에는 장 차장도 다소 흔들렸습니다만, 이내 마음을 고쳐 먹었습니다. 주식에 대해 잘 모르기도 했지만 주식 투자는 너무 위험해서 외벌이에 부양가족이 있는 자신에게는 맞지 않다고요. 대신에 검소하게 생활하며 저축을 꾸준히 하고, 작아도 내 집을 빨리 마련하는 쪽으로 방향을 잡았습니다.

그렇게 해서 선택한 것이 수원시 영통에 있는 작은 아파트였습니다. 부동산 투자 경험도 지식도 없었던 그는 본인 상황에 비추어 모든 것을 상식적으로 판단했습니다. 대출액이 너무 많으면 안 되니까 소형 아파트로 하고, 아이가 있으니까 학교 다니기에 편하고, 교통과 생활 편의성 또한 염두에 두었습니다. 직장 근처라서 본인이 잘 알고 있는 지역이라는 점에도 마음이 놓였고요.

회사가 가깝고 와이프와 아이가 편하게 생활할 수 있으면 그곳이 제일 좋은 집이라는 생각으로 구입한 아파트 시세는 이후 꾸준히 상승했습니다. 2009년 당시에 매입가는 1억 7천만원이었는데, 전세금 7천만원과 은행 대출 1억원으로 충당했습니다. 직장인 마이너스 통장 대출로 2천만원을 마련해 부대 비용과 인테리어비 등으로 사용했고요. 그렇게 아파트를 산 지 10년쯤 지난 현재는 3억원 정도로 시세가 형성되어 있습니다. 그냥 전세로 살았으면 재산은 거의 전세금 그대로였을 것이고, 다른 분야에 투자했더라도 어느 정도 위험이 있었을 텐데 돌이켜보면 아주 성공한 투자였습니다.

10년 동안 2배 가까이 올랐으니까 그 자체로도 적지 않은 수익이지만, 그는 이 한 번의 매매로 소형 아파트의 투자 가치를 꿰뚫어보게 되었습니다. 직접 구매하고 꾸준한 상승 여력을 확인한 덕분입니다.

첫 번째 아파트의 투자 성공을 계기로 그는 본격적인 투자 공부와 함께 목돈이 모일 때마다 주변 아파트를 사기 시작했습니다. 전세를 끼고 사니까 투자금은 생각보다 많이 들지 않았습니다. 현재 관점으로 보면 무리한 갭 투자일 수도 있는데, 그에게는 성공에 대한 확신과 나름의 투자 원칙이 있었습니다.

투자는 흐름 판단과 타이밍이 관건

장 차장이 살고 있는 영통은 삼성전자 등 부동산 배후 수요가 튼튼한데도 불구하고 인근의 광교 신도시나 동탄 신도시로 인해 집값 상승이 두드러지지 않았습니다. 대형 평형은 더욱 변화가 없었습니다. 하지만 소형 아파트라면 이야기가 달라집니다. 수원 전역에 25평 이하는 거의 화서역 주변과 영통밖에 없었고, 특히 역세권 소형 아파트는 드물었습니다. 중심 상권을 끼고 있는 곳은 더더욱 매물이 없었고요. 그는 소형 평형(국민주택에서는 전용 면적 60m² 이하를 소형, 60~85m²를 중형으로 분류합니다.)에 한정해 목돈과 대출, 마이너스 통장을 활용해 아파트를 지속적으로 매입했습니다. 이 지역은 전세금과 매매가의 차이가 별로 없었기 때문에 투자 전망에 대한 확신이 있다면 사실 큰 부담은 없었습니다.

장 차장은 역세권 부동산은 물론 광교, 동탄 1신도시, 동탄 2신도시 등등 주변에 대단지가 들어서면 적극적으로 분석하는 습관이 생겼습니다. 지도를 보면서 연구하고, 부동산 중개업소에 수시로 드나들고, 회사에 휴가를 내면서까지 주변 투자 지역을 살피기도 했습니다. 그러다가 조건 좋은 급매가 눈에 띄면 바로 매수했습니다. 신규 아파트 분양권을 프리미엄 2천~3천만원 선에서 매입해 프리미엄이 7천~1억원 정도 되면 팔아버리는 식의 투자도 이따금 있었습니다.

아파트 가격이 오를 것이라는 사인이 충분해도 사람의 심리상 몇 억원짜리를 바로 구매하기는 쉽지가 않습니다. 장 차장은 그 판단을 남들보다 빨리 하고, 판단했으면 늦지 않게 움직이고, 적당한 수익이 났으면 그 이상의 욕심을 내지 않으려고 부단히 노력했습니다. 이것이 그가 부동산 투자에서 성공할 수 있었던 가장 큰 요인이 아닐까 싶습니다. 그 당시나 지금이나 아파트 갭 투자를 한다고 해서 모두가 성공하는 것도, 모두가 실패하는 것도 아닙니다. 잘해야 하지요. 어느 지역, 어느 분야에 투자하든 먼저 성공에의 확신을 가질 수 있어야 하고, 들어가고 나올 때를 잘 알아야 하고, 욕심이 과하지 않게끔 스스로를 잘 다스릴 수 있어야 합니다. 장 차장은 이게 가능했습니다.

분양권 매매는 양도세가 적지 않게 나오는 경우도 있지만, 투자 수익은 그 이상이었습니다. 다만 부동산 8.2 대책 이후에는 분양권 전매 규제가 상당히 강화되었습니다.

참고로 아파트 분양권 양도세는 보유 기간에 따라 달라집니다. 보유기간이 1년 미만인 경우는 양도세율이 50%, 2년 미만은 40%, 2년 이상이면 일반 누진세율인 6~42%가 적용됩니다. 그런데 2018년부터 청약조정대상지역 분양권 거래는 보유 기간에 관계없이 무조건 양도 차익의 50% 세율로 강화되었고, 수도권 주요 지역에서는 분양권 전매를 소유권 등기 시까지 제한합니다. 양도세는 양도 차익 금액에서 필요 경비(중개료 등)와 기본 공제액을 뺀 과세 표준액에 부과되는 것이고, 재개발 입주권과 달리 분양권은 주택 수에 포함되지 않았으나, 18년 9.13 부동산 대책에서 분양권 소유자도 무주택자에서 제외되었습니다.

장 차장이 단기간에 투자 수익을 극대화할 수 있었던 이유는 무엇보다 소형 아파트 투자 전망에 대한 확신이 있었기 때문입니다. 영통의 소형 아파트에 사는 그는 요즘에도 휴일이면 아침 일찍부터 와이프와 주변 지역을 걸으면서 부동산 가치를 따져보곤 합니다. 어디에 뭐가 생겼고, 장사가 잘될지 어떨지, 주민들의 나이대나 거주 편의성은 어떤지 등을 직접 눈으로 확인하는 것입니다. 시장 전망에 대한 결론은, 투자를 처음 시작한 그때나 지금이나 소형 아파트가 답이라는 데에서 거의 벗어나지 않습니다. 향후 경기가 좋든 나빠지든 인구 자체가 감소하더라도 역세권 소형 아파트의 투자 전망은 밝다고 보는 것입니다. 여느 부동산에 비해 가격 상승기에는 따라서 잘 오르고, 대세 하락기에는 잘 버티고, 환금성도 비교적 뛰어나기 때문입니다.

장기적으로 인플레이션에 대한 헤지 차원에서라도 연금보다는 역세권 소형 아파트라는 게 그의 의견입니다. 시중금리 변동성을 따라가는 연금이나 저축 상품 수익률은 물가상승률과 엎치락뒤치락하는 수준이라서 노후에 크게 기대기 어렵지만, 역세권 소형 아파트라면 적어도 화폐 가치가 떨어지는 이상으로 자산 가치가 오를 것이기에 돈을 묻어두기에 제격이라는 의미입니다.

소형 아파트에 투자할 때 알아야 할 것들

영통에 있는 부동산 중개 사무실 상당수가 장 차장의 얼굴을 안다고 합니다. 그만큼 자주 드나들었다는 말이지요. 그 덕에 소형 아파트 투자에 확신을 가질 수 있었고, 중국 자본의 국내 부동산 매입 또는 지방 자본의 수도권 부동산 투자 같은 정보도 들을 수 있었습니다. 이처럼 부동산 투자는 해당 지역을 둘러보면서 자주 물어보는 식으로 정보를 얻는 게 중요하다고 말하는데, 이 밖에도 소형 아파트만의 특징이 있습니다.

예를 들어 소형 평수는 시세가 횡보하다가도 주변에 새 아파트가 들어서거나 지역에서 가격을 리드하는 아파트가 나오면 곧잘 덩달아서 상승한다고 합니다. 새 아파트나 고가 아파트에 비해 가격이 훨씬 저렴해 보이기 때문입니다. 2~3인 소인 가구의 증가에 따라 늘어난 수요,

낮은 관리비, 편리한 주차 등은 기본적인 장점에 속하고요. 이들 장점은 불경기에 더욱 두드러지는 아파트 선택 요인이 되므로 투자 안정성을 높이는 효과도 있습니다.

그의 말에 따르면, 소형 아파트 투자에서 가장 우선적으로 고려해야 할 사항은 1. 교통 편의성, 2. 생활 편의성(중심 상가와의 거리), 3. 교육 편의 성입니다. 달리 말해 교통이 좋은 것이 쇼핑하기 좋다거나 주변에 좋은 학교가 있는 것보다 훨씬 낫다는 의미입니다. 흔히 새 아파트가 오래된 아파트보다 수요가 많고 투자도 더 유리하다고 여겨지는데, 이마저도 교통 편의성이 우선되어야 합니다. 투자 가치 측면에서는 역세권의 헌 아파트가 비역세권의 새 아파트보다 낫다는 것입니다. '새로 뚫리는 길 에 투자하면 손해보지 않는다.'라는 투자 격언이 있듯이 부동산 투자는 역시 위치와 접근성이라고 하겠습니다.

소형 아파트 또한 저층보다는 로얄층이 투자 효과가 높습니다. 옛날 에는 아파트 중간층을 로얄층으로 여기는 분위기였으나 90년대 이후 고층 아파트들이 대거 들어서면서 지금은 중간보다 높은 층을 선호하 는 추세입니다. 즉 아파트 전체를 10부로 봤을 때 7~9부, 그리고 최근 에는 꼭대기층의 선호도가 특히 높아졌습니다. 전에는 꼭대기층을 여 름에는 덥고 겨울에 춥다는 이유로 기피했지만, 탁 트인 조망권이 대접 받는 것입니다. 그와 함께 사생활 보호, 층간 소음 등에서도 자유롭고 요. 조망권이 좋으면 일조 환경도 좋기 마련이지요. 아파트 방향으로는 동남쪽, 혹은 서남쪽을 선호합니다.

장 차장의 투자 수단은 소형 아파트 갭 투자나 분양권 매매가 대부분이었는데, 가장 큰 수익을 안겨준 곳은 김포 한강 신도시였습니다. 그간의 투자로 어느 정도 노하우가 쌓였고, 김포는 장 차장이 예전부터 아주 잘 알고 있는 지역이기도 했습니다. 여기에서 또 한 번의 투자 기회를 찾은 것입니다.

김포 신도시는 2014년 무렵까지만 해도 미분양이 쌓을 정도로 투자 시장에서 주목받지 못했습니다. 당연히 중도금 대출까지 건설사가 전부 책임지는 것은 물론 계약금만 있어도 분양권을 살 수 있었습니다. 장 차장은 이때부터 집값 추이를 보며 교통 호재를 기다리고 있다가 도시철도가 확정되었다는 소식에 바로 몇 채를 매입했습니다. 시장을 주시하며 투자금 일부를 미리 마련해두고 기다렸던 만큼 남들보다 빠르게 움직일 수 있었습니다.

그가 예상했던 바와 같이 이후 김포 한강신도시는 물론 서울 방향의 역사 주변 부동산 가격은 급등하기 시작해 단기간에 프리미엄이 억대를 넘어섰습니다. 이렇듯 김포에서 큰 수익을 얻은 장 차장은 2018년 초부터 분양권을 거의 정리했습니다. 아직 보유하고 있는 아파트는 정

김포 도시철도 노선도(2019. 7월 개통 예정) 종점인 양촌에서 김포공항까지 28분, 한강신도시에서는 20분이 걸릴 만큼 서울과의 접근성이 월등히 좋아진다. ⓒ 김포 시청

부 시책에 따라 주택 임대사업자 등록을 마쳤고요. 수도권의 공시가격 6억 원 이하의 아파트를 장기 임대주택(8년 이상)으로 등록하면 종부세 합산 주택과 양도세 중과 대상에서 빠졌는데, 9.13 부동산 대책에서 장기임대 등록한 주택도 종부세에 합산하는 등 세제 혜택이 크게 축소되었습니다. 참고로 9.13 대책은 부동산 규제 지역 내 주택 보유자의 주택 추가 매입을 위한 담보 대출을 거의 금지하고, 다주택자 종부세를 최고 3.2%까지 중과세합니다.

성공 투자는 운일까, 실력일까?

장 차장은 직장 생활을 하는 15년 동안 이십여 채의 아파트를 거래하며 오늘에 이르렀습니다. 삶의 주거 공간인 아파트로써 수익을 내는 게 떳떳하지 못해 마음이 불편할 때도 있었다고 합니다. 하지만 불법적인 거래는 단 한 번도 하지 않았고 수익에 대한 세금도 꼬박꼬박 냈습니다. 소형 아파트 갭 투자가 주된 분야이기는 했어도 나름의 확신과 노력이 있었기에 투기라고는 생각하지 않는다고도 했습니다. 투기는커녕 십 년 이상을 열심히 노력하며 살았던 대가라는 게 저의 판단이고요.

돌이켜보면 부동산 투자 기회를 잘 잡았던 이상으로 그는 참 많은 노력을 했습니다. 남들이 주말에 놀러 다닐 때 부동산을 보러 다녔고, 돈이 모자라서 대출을 제때 갚지 못할까봐 야근이나 주말 특근을 마다하지 않은 날들도 많았습니다. 수당이나 인센티브를 더 받기 위해 직장 생활도 정말 열심히 했고요.

그럼에도 장 차장은 운이 좋아서 아주 편하게 재테크를 했다고 말합니다. 연봉이 꽤 높은 직장이었고, 대출을 적극적으로 활용하다가도 부동산 경기가 안 좋을 때는 월세로 현금 흐름을 높였더니 또 다른 투자 자금을 만들 수도 있었습니다. 자신에게 잘 맞지 않는 주식이나 상가 투자 권유에 흔들리지 않고, 소형 아파트 하나에만 매달려서 기회가 왔을 때 과감하게 투자한 게 그나마 비결이라고 합니다.

그는 자신의 성공 비결을 운 30%에 노력 70%라고 말하는데, 그 30%의 운이라는 것은 생각하기 나름일 것 같습니다. 안정되고 행복한 가정을 꾸리고자 일찌감치 내 집 마련을 떠올렸고, 소형 아파트 투자 한 번으로 부자의 기회를 살린 안목은 운이라면 운, 실력이라면 실력이 아닐까요? 분명한 사실은 비슷한 상황에서 누구나 그렇게 하지는 않는다는 것입니다.

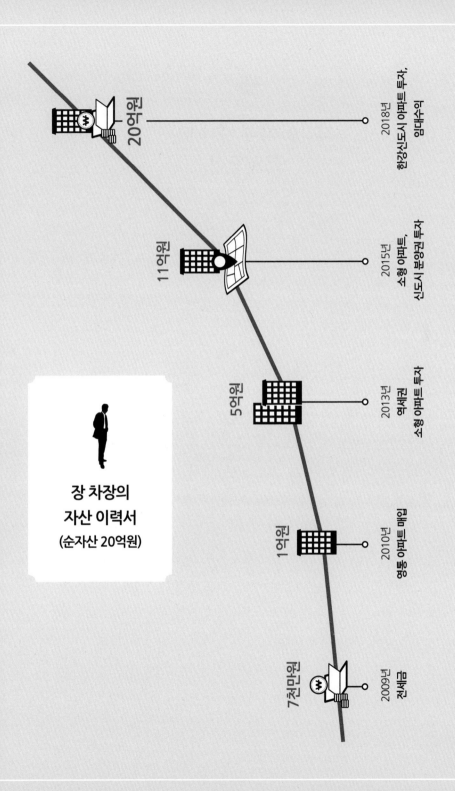

장 차장의
자산 이력서
(순자산 20억원)

20억원

2018년
한강신도시 아파트 투자,
임대수익

11억원

2015년
소형 아파트,
신도시 분양권 투자

5억원

2013년
역세권
소형 아파트 투자

1억원

2010년
영통 아파트 매입

7천만원

2009년
전세금

직장인이 부자가 되는
필요조건

주식, 부동산 투자

윤OO 과장, 34세 | 순자산 14억원

직장인이 부자가 되는 데 꼭 필요하고도 유리한 조건이란 게 있을까요? 일단 물려받은 재산이 많다면 절대적으로 유리할 것 같고, 그다음으로는 높은 연봉일 테지요. 그 밖에 안정적인 직장과 가정 환경, 맞벌이, 전문 지식과 인적 네트워크를 무시할 수 없으니까 학벌도 전혀 관계가 없다고는 할 수 없습니다.

그런데 여기에 맞는 조건 하나 없이 부자의 기반을 다진 윤 과장이라는 지인이 있습니다. 34살의 직장인으로 현재 순자산은 14억원 정도인데, 저는 그가 십 년쯤 후에는 100억원대 자산가가 되고도 충분할 것이라 믿어 의심치 않습니다.

윤 과장은 스무 살 때까지 재테크는 물론, 일반적인 성장 환경과도 다소 거리가 있는 삶을 살아왔습니다. 어머니부터가 일찍 돌아가셨고, 얼마 후 아버지가 재혼해 새어머니를 맞아야 했습니다. 외동이었던 그는 여느 굴곡 있는 가정과 마찬가지로 서글픈 일이 많았다고 합니다. 어려서부터 늘 혼자였고요. 어디에 마음을 붙여야 할지 몰랐고 누구도 정을 나누는 법을 알려주지 않았습니다.

윤 과장네 집은 경제적인 여유는 크게 없었지만 아버지의 권유로 골프를 배우게 되었습니다. 이후 그에게 골프는 구세주와도 같았습니다. 오로지 골프가 친구였고 위안거리였습니다. 골프 재능도 인정받았던 터라 프로 골퍼를 목표로 더욱 연습에 매진했습니다.

하지만 집안의 경제 형편이 나빠지면서 골프에만 전념하기 어려운 상황에 놓입니다. 골프의 특성상 꽤 많은 돈이 들기 때문입니다. 게다가 그럴수록 더 성공해야 한다는 일념에 과도하게 운동했던 탓에 손목 인대 부상마저 입게 됩니다. 유일한 버팀목이었던 골프를 지속할 수 없게 되자, 윤 과장에게는 정말 아무것도 남지 않았습니다. 예전에 그가 이렇게 물은 게 기억납니다.

"세상에 혼자 남겨진 기분이 궁금하지 않으세요?"

그는 대학을 나오지 않았습니다. 골프 말고는 할 줄 아는 게 없었고 물려받은 재산도 제로였습니다. 그래도 살아야 했기에 닥치는 대로 일을 했습니다. 주유소 아르바이트부터 골프 레슨까지 주어진 일이라면 뭐든 열심히 했습니다. 세상이 두려웠던 만큼 매사에 조심하고 근검절약하는 생활을 이어 가는 것은 기본이었습니다. 윤 과장은 앞으로 어떻게 살아야 할지를 고민하던 차에 골프를 대신할 뭔가를 찾아야겠다는 생각을 하기에 이릅니다. 그 와중에 우연히 접한 게 바로 주식 투자였습니다. 틈틈이 모은 돈 50만원을 굴릴 재테크에 관심을 두면서 주식을 넘보게 된 것입니다. 2005년, 21살 때였고 당시에 그의 전 재산은 200만원에 불과했습니다.

10년간 단 한 해도
손실을 보지 않다

윤 과장은 주식 투자에서 새로운 희망을 보았습니다. 가진 돈이며 몸 상태며 가정 환경이며 당장은 남들보다 한참 못한 처지였어도 부단한 노력이 자신을 성공으로 이끌어줄 거라 믿었습니다. 쉬울 거라는 생각은 처음부터 하지 않았습니다. 사회생활을 오래 한 것은 아니지만, 세상에 마음처럼 술술 풀리는 일은 없다는 것을 어려서부터 깨달았기 때문입니다.

그는 직장 일을 하며 시간이 날 때마다 주식 공부를 했습니다. 기업회계나 차트 공부가 어렵든 말든 상관은 없었습니다. 투자가로서의 꿈을 이루자면 꼭 알아야 했기에 뭐든 내 지식으로 만들고자 노력했습니다. 한편으로 투자금도 열심히 모았습니다.

그렇게 2005년부터 윤 과장은 회사를 다니며 저축과 주식 공부, 투자를 병행했습니다. 하지만 주식형 펀드만큼은 손을 대지 않았습니다. 이 원칙은 지금까지 지키고 있습니다. 본인의 투자 실력 향상에 도움이 안 되고, 제삼자에게 투자금을 맡기는 것 자체를 믿지 않았고, 운용 수수료도 아까웠기 때문입니다.

앞에서 언급했듯이 윤 과장의 처음 투자금은 50만원이었습니다. 다행히 세계적으로 대세 상승장이 펼쳐졌던 2007년까지는 수익률도 좋았습니다. 저축과 투자를 시작한 지 2년 만에 그는 1,800만원 정도를 모을 수 있었습니다. 200만원에서 시작했던 것을 감안하면 결코 나쁘지 않은 성적이었습니다.

그런데 문제는 2008년 서브프라임 모기지(비우량 주택 담보대출) 사태 때 불거졌습니다. 이제껏 한 번도 겪어보지 못한, 무너지는 시장 앞에 윤 과장 또한 속수무책이었습니다. 그때까지만 해도 리스크 관리는커녕 어느 시점에서 손절매를 해야 하는지, 아니면 추가 매수로 대응해야 하는지 감조차 잡을 수 없었습니다. 결국 2년 동안 벌어들인 투자 수익은 이때에 고스란히 반납하고 맙니다.

윤 과장은 자신의 투자를 다시금 돌아보았습니다. 서브프라임 사태가 워낙에 대형 악재이기는 했어도 어차피 주식 시장은 크고 작은 호재와 악재가 끊임없이 반복하기 마련입니다. 리스크 관리는 당연하고, 적절한 시점에서 수익을 실현하는 등의 투자 원칙의 부재를 절감할 수 있었습니다. 그는 기초부터 주식 투자 공부를 다시 해야겠다고 결심합니다. 그 덕분에 2009~2010년은 연평균 20~25% 정도로 안정적인 수익을 낼 수 있었습니다.

그러다가 2011~2012년에는 중소형주 투자 중심으로 방향을 바꾸었습니다. 대형주 투자에서는 수익률에 한계를 느꼈기 때문입니다. 중소형주는 등락이 심한 편이라서 대형주와는 또 다른 투자 테크닉이 필요했습니다. 그는 서두르지 않고 투자 공부를 끈기 있게 지속하며 자신만의 투자 원칙을 업그레이드했습니다.

일단 분산 투자와 손해 보지 않는 투자가 기본이었습니다. 중소형주 5종목 이상으로 분산하되, 회사에 큰 변화가 다가오고 있는데 정작 주가는 소외받는 종목들에서 기회를 찾았습니다. 다만 재무제표에서 조금만 수상한 낌새가 보여도 투자를 보류했고, 금융감독원 전자공시시스템(dart.fss.or.kr)을 꼼꼼히 살폈습니다.

윤 과장은 다트를 보면 "웬만한 기업은 옷을 홀딱 벗겨서 볼 수 있어요."라고까지 말합니다. 특히 그가 주목했던 것은 다트에서도 확인이 가능한 사업 계획서입니다. 사업 계획의 가능성을 미리 파악하고 기업 수익 전망과 해당 업종의 시장 상황, 주식 시장의 대세 흐름 등을 가늠해 남들보다 한 발 앞서서 주식을 매집하고, 이후에는 주가 추이를 보며 기다리는 것이지요.

중소형주 투자로 옮기며 공부하던 2년 동안의 수익은 거의 제로에 가까웠습니다. 수익률 측면에서는 허송세월한 시기였다고도 할 수 있지만, 이때의 투자 공부는 2013년부터 힘을 발휘합니다. 2013년 15% 수익을 찍으면서 상승세로 바뀌더니 2014년 +25%, 2015년 +55%, 2016년 +75% 수익을 낼 수 있었습니다. 급기야 2017년에는 190% 수익을 냈습니다.(17년에는 신용거래를 통한 레버리지를 일부 활용했습니다. 그만큼 내공이 쌓였고 자신의 투자 시스템에 대한 자신감도 있었습니다.) 2017년도 투자 순수익은 2억7천만원이었고요.

스물한 살에 50만원으로 주식 투자를 시작해 서브프라임 사태 이후

금융감독원 기업공시시스템의 메인 화면.(dart.fss.or.kr) 상장 법인 등이 제출하는 사업보고서, 감사보고서, 공시 서류를 조회할 수 있다.

부터 지금까지 10년 동안 그는 연간 수익률에서 손실을 본 해가 단 한 번도 없었습니다. 그 결과로서 2018년 5월 현재, 윤 과장의 주식 계좌 잔고는 7억원에 달합니다. 아마 직장을 그만두고 전문 투자가로 나섰 다면 이보다 훨씬 큰 수익을 거두었을지 모르지만, 그는 지금도 여전히 직장 생활을 하고 있습니다.

반드시 수익을 내는
주식 투자 비결

주식에서 안정적인 수익을 내고 여윳돈이 생기면서 윤 과장은 부동산에도 투자했습니다. 2016년에 서울에 있는 30평대 아파트 2채를 투자 용도로 매입한 것입니다. 본인은 현재도 전세로 살고 있고요.

이들 아파트의 당시 전세가는 매매가의 90%에 달할 정도로 높았으므로 이른바 갭 투자를 한 것입니다. 하지만 모양새가 갭 투자일 뿐 그가 부동산에 투자한 것은 주식 시장의 활황을 예측한 것과 마찬가지 이유에서였습니다. 금융 위기 이후에 전 세계적으로 풀린 막대한 유동성과 저금리 상황의 지속은 언제가 됐든 자산 가격의 상승을 부추길 수밖에 없다고 보았기 때문입니다.

그는 아파트 두 채를 각각 4억6천, 4억7천만원에 매입했습니다. 전세금이 4억2천만원으로 실투자금은 하나 당 대략 5천만원, 여기에 중개사 비용과 취등록 비용을 포함하면 두 채 매입에 총 1억2천만원의 자금이 들었습니다. 2018년 현재 시세는 약 6억원으로 2억7천만원이 오른 셈인데, 실투자금과 대비하면 양도세 중과에 해당하는 세금(조정대상지역 내 1세대 2주택은 누진세율 + 10%)을 제하고도 100%를 훨씬 상회하는 평가 차익이 기대됩니다.

그는 부동산 투자에 대해서는 그냥 운이 좋았다고 말합니다. 크게 욕심을 내지 않았고, 뻔한 상승이 보여서 사두었을 뿐이라는 것입니다. 짐작컨대 다년간의 주식 투자를 통한 감이 한몫하지 않았을까 싶습니다.

하지만 주식 투자만큼은 그는 운보다 노력을 앞세웁니다. 지난날의 성공 투자가 단순히 운의 결과는 아니라는 것이지요.

윤 과장의 투자를 지켜보면서 깜짝 놀랐던 적이 한두 번이 아니었습니다. 남들은 간이 작아서 20~30% 수익에 발을 빼는데도 끝까지 버티더니 100% 이상의 수익을 내는 경우도 몇 번 보았습니다. '이번 분기 영업이익은 꺾였어도 업황 성장세는 꺾이지 않았으니까 더 갈 거예요.', 혹은 '업황은 꺾이지 않았어도 영업이익은 꺾일 테니까 곧 빠질 타임이에요.'처럼 비슷해 보이는 상황에서도 그때그때 다른 분석이 기가막히게 맞아떨어지곤 했습니다.

윤 과장이 말하는 주식 투자의 최고 비결은 절대 손실을 보지 않겠다는 각오와 태도입니다. 그 현실 지침으로서는 2년 동안 연간 수익률을 플러스로 유지해볼 것을 권합니다. 다시 말해, 목표 수익률 높이기에 급급해하지 말고 연간 수익률이 절대 마이너스가 안 나는 것을 1차적인 목표로 삼으라는 말입니다. 이 조언은 투자에서 가장 중요한 것은 마음가짐, 이라는 식의 뜬 구름 잡는 이야기가 아닙니다. 실제로 그는 2008년부터 절대 손실을 보지 않는 주식 투자를 목표로 삼았고 10년 동안 그대로 이루었습니다.

주식 투자에서 손실을 보고 싶은 사람은 아무도 없을 테지요? 하지만 이러한 바람은 그저 나의 희망사항입니다. 그 희망을 실제 투자의 조건으로 삼고, 목표를 이루고자 한다면 결코 쉽지 않습니다. 그렇게 해서 1차 목표인 '2년 연속 플러스 수익률'에 성공한다면 이후의 투자 요령은 자연히 답이 보일 거라는 게 윤 과장의 설명입니다. 그의 투자 요령 제안에 순간 귀가 번쩍 뜨였습니다. 주식 공부를 오래 한다고, 오랜 실전 투자 경험이 있다고 해서 내놓을 수 있는 해법이 아니었기 때문입니다. 힘겹게 살았고 온갖 시행착오를 반복했을 그의 삶이 겹쳐 보이기도 했습니다. 일반인 투자자에게는 더더욱 꼭 필요한 지침이라는 생각도 들었습니다.

2년 동안 주식 연간 수익률에서 절대 손실을 보지 않기 위해서는 일단 하나의 투자 종목에 올인해서는 안 됩니다. 투자 수익률을 절대 플러스로 유지하기 위해 이것처럼 위험한 일은 없습니다. 다른 몇몇 종목에서 수익을 내더라도 한 번의 투자 실수로 1년 동안의 수익률이 수포로 돌아갈 수 있기 때문입니다.

주식 시장은 오늘 난생처음 투자를 시작한 사람도 얼마든지 수익을 낼 수 있지만, 반대로 10년의 투자 경력이 있어도 자산을 모두 날릴 수 있는 곳입니다. 결코 호락호락하지 않습니다. 운전을 잘하는 이는 남보다 빨리 달리는 게 아니라 무사고를 오래 이어가는 사람입니다. 주식 또한 다르지 않습니다. 주식에서 꾸준히 플러스 수익률을 기록하려면 정말 조심해야 합니다. 이것이 2년 동안 연간 수익률 목표에서 절대로 마이너스를 기록하지 말아야 하는 이유입니다. 주식 투자에서 '안전운전'만큼 중요한 것은 없습니다.

분산 투자를 하는 한편으로, 손이 가는 대로 아무 종목을 골라서는 연간 수익률을 플러스로 만들 수 없습니다. 절대로 마이너스가 나지 않는 목표를 달성하려면 종목 선정에도 보다 세심한 주의를 기울여야 한다고 윤 과장은 말합니다. 가장 중요한 것은 어떤 마음가짐과 목표로 투자 종목을 찾는가입니다. 종목 선정에 따라 모든 게 달라지지만, 그 답은 결국 본인이 찾아야 합니다.

간단한 예를 보겠습니다. 어느 투자 리포트에서 A라는 종목의 다음 분기 순이익 증가율을 30%로 전망했다고 합시다. 전년도 사업 실적이 상승세였고, 연내에 나올 신상품에 대한 시장 기대도 꽤 높습니다. 그러면 이 주식을 담아야 할까요?

이것만 가지고는 답을 알 수 없습니다. 주가가 오르고 내리는 이유는 이 외에도 무수히 많기 때문입니다. 순이익 증가율이 100%라도 시장이 반응하지 않으면 주가는 제자리이거나 내려갈 수 있고, 매출과 영업이익 증가와는 하등 상관없는 종목의 주가가 폭등하는 경우도 곧잘 있습니다. 그때그때의 상황에 맞는 투자의 답이 따로 있다는 말이지요. 이답은 누가 가르쳐줄 수 있는 게 아니고, 그 답을 믿어서도 안 됩니다. 내 스스로가 찾아야 합니다.

더욱이 이렇게 찾은 정말 좋은 종목과 사랑에 빠져서도 안 됩니다. 아주 매력적인 주식이 없다면 그냥 현금을 들고 있어야 합니다. 살 만한 주식이 없다는 것은 시장이 고점 근처라는 증거이니까요. 이마저도 알아볼 혜안을 꼭 갖추어야 합니다.

만약 본인의 주식 투자 성적이 마이너스이거나 만족스럽지 못하다면 모든 것을 다시 검토해보기 바랍니다. 기존의 매매 습관이나 종목 분석 패턴을 버리고 처음부터 다시 시작하는 것입니다. 요행을 바라거나 떠도는 추천만 믿고 투자한 종목들로 쌓인 계좌라면 당장 모두를 정리해도 좋습니다. 그런 다음에 내일부터 최소한 2년 동안 연간 수익률에서 절대 손해 보지 않겠다는 목표를 세우고 최선을 다해보길 바랍니다. 바로 이것이 윤 과장이 고심 끝에 들려준 '주식 투자에서 반드시 수익을 내는 비결'입니다.

윤 과장은 직장에서 버는 돈의 몇 배를 주식 투자로 벌고 있습니다. 작은 회사이고, 회사를 관두고 전업 투자를 해도 더 큰 수익을 낼 가능성이 높습니다. 하지만 그는 직장을 관둘 마음이 없습니다. 한 치 앞날도 불안했던 시절의 초심을 지키고, 한 발 물러나 시장을 보는 데도 도움이 되기 때문입니다. 그 같은 마음가짐이 직장인으로서 작은 부자가 될 수 있었던 이유 중 하나가 아니었나 싶습니다.

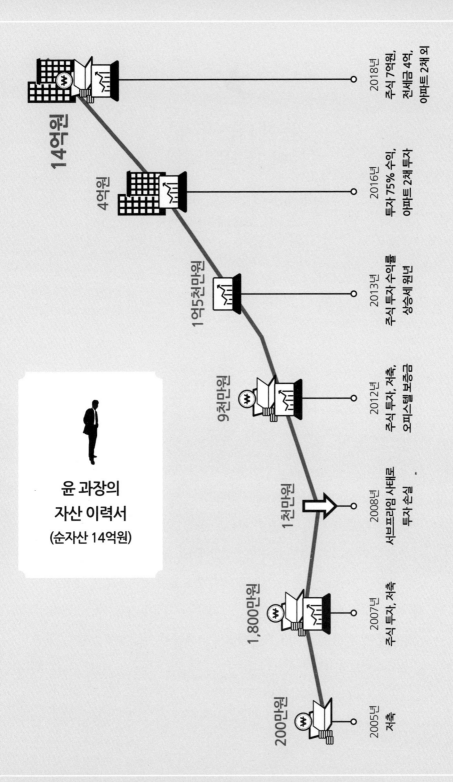

윤 과장의
자산 이력서
(순자산 14억원)

14억원

4억원

1억5천만원

9천만원

1천만원

1,800만원

200만원

2018년
주식 7억원,
전세금 4억,
아파트 2채 외

2016년
투자 75% 수익,
아파트 2채 투자

2013년
주식 투자 수익률
상승세 원년

2012년
주식 투자, 저축,
오피스텔 보증금

2008년
서브프라임 사태로
투자 손실

2007년
주식 투자, 저축

2005년
저축

돈이 되는 투자,
돈이 안 되는 투자

지식산업센터와 오피스텔, 아파트 투자

박OO 과장, 38세 | 순자산 10억원

증권사에 다니면서도 주식 투자를 절제할 줄 아는 업계 후배가 있습니다. 서울의 어느 대학 경영학과를 졸업하고 외국계 자동차 회사에 잠깐 들어갔다가 증권사에 입사한 케이스인데, 현재는 과장으로 재직하고 있습니다. 연봉은 8천만원 정도 되고요.

막상 바라던 직장에 들어오긴 했어도 증권사는 체질적으로 박 과장에게 잘 맞지 않았습니다. 보수적인 성향에 투기를 기피하는 스타일 때문이었습니다. 금융 상품 판매나 투자 실적을 높이려면 때로는 '부풀려 제안하는 요령(상품의 수익 구조가 다소 걱정되기는 되지만)'이 필요한데, 그것을 자주 마음에 걸려 했습니다. 술자리에서 고객의 비위를 맞추는 일도 많이 힘들어했고요.

그래도 그는 최선을 다해 일했습니다. 부양해야 할 가족이 있었고 업무에서 성과를 내야 한다는 조급함도 있었습니다. 그렇기에 힘들게 모은 본인 돈과 마이너스 통장 대출까지 보태 자기매매도 마다하지 않았습니다.(대다수 증권사가 매년 본인의 연봉까지는 자기매매를 허용합니다.) 여윳돈이 아니라 절대 잃으면 안 될 돈으로 투자하면 더 잃기가 쉬운 게 주식인데, 그러기에는 실적 향상에의 압박이 너무 컸던 게 문제였던 것 같습니다. 박 과장은 본인의 투자에서 큰 손실을 입었고, 그 와중에 잠자리를 설칠 정도로 몸과 마음의 컨디션이 나빠져만 갔습니다. 그로서도 어쩔 수 없었을 거라는 생각이 듭니다. 증권사는 기본적으로 돈과 실적으로 전쟁을 치르는 곳이니까요.

적잖은 대출이 있는 상태인지라 박 과장은 웬만큼 재력이 있는 부모님 도움을 받을까도 생각했지만 이내 마음을 고쳐먹었습니다. 어쨌거나 한 집안의 가장이었으니까요. 직장 생활이 가장 고달프게 느껴지던 그 무렵, 그는 자신이 처한 상황과 앞으로의 삶을 다시금 돌아보게 되었습니다. 회사 생활이 그처럼 힘들었던 것은 회사 일 외에 다른 인생 비전이 없기 때문이었습니다.

회사 일에만 너무 매달리니까 일은 일대로 안 풀리고 오히려 업무 스트레스만 쌓였던 것이었습니다. '피할 수 없으면 즐겨라.'는 말이 있습니다만, 그처럼 거창한 마음의 준비가 아니라도 좋았습니다. 그는 회사 일을 본인의 능력이 감당해내는 범위 내에서, 있는 그대로 받아들이기로 했습니다. 그와 함께 재테크를 제대로 해봐야겠다는 쪽으로 마음을 다집니다. 가족의 오붓하고 행복한 삶을 위해 경제적 자유를 하나의 인생 목표로 삼은 것입니다.

　이후 사적인 주식 투자는 최소한의 투자금으로 줄이고, 재테크에 골몰하기 시작했습니다.(물론 업무를 위한 주식 거래는 평소처럼 하는데, 사심을 버리자 투자 실적은 예전보다 훨씬 좋아졌습니다.) 업무 스트레스와 잦은 술자리로 지친 몸을 회복하고자 퇴근 후 운동도 시작했습니다. 지출과 재테크 계획을 세우면서 흐트러진 마음을 다잡는 한편으로, 그는 어떻게 하면 돈을 벌 수 있는지 고민했습니다. 2010년 당시의 자산은 전세금 2억5천만원에 대출이 1억원 정도였는데, 2018년 현재 그들 부부의 재산은 10억원 가까이 됩니다.

투자의 귀재가 돼야만
돈을 버는 게 아니다

　　　　　　　　　　　ELS(Equity-Linked Securities, 주가연계증권 : 투자금 일부는 채권에 투자하고 일부는 코스피 200 같은 지수나 개별 종목에 투자함으로써 비교적 안전하면서도 수익성을 높인 상품)나 펀드 같은 소소한 재테크 외에 제대로 된 투자로 방향을 잡기는 했어도 막상 실천하려니까 수단이 마땅치 않았습니다. 일단 주식과 펀드는 일정 투자금 이하로 묶어두었습니다. 모험 성향이 낮은 자신과는 맞지 않다는 것을 느꼈고, 가족이 있는 만큼 만약의 경우에도 대비해야 했기 때문입니다. 또한 일반적인 부동산 투자를 하기에는 가진 돈이 너무 적었습니다.

　그래서 고심한 끝에 박 과장은 오피스텔에 투자하기로 마음먹었습니다. 다른 부동산에 비해 상대적으로 저렴하고 임대 수익으로 대출 비용을 충당하고도 남겠다는 판단에서였습니다. 투자금이 넉넉하지 않았던 게 가장 큰 이유였고요.

그는 주변 오피스텔의 시세와 분양가를 비교해 수익성을 확인한 다음에 판교와 신분당선 미금역 인근의 오피스텔 두 군데에 청약했습니다. 그 결과 판교는 떨어지고 미금역 오피스텔만 1억9천만원에 분양받아서(오피스텔 전세금으로 대출금을 상환해서 실투자금은 5천만원 정도) 올해 초에 2억4천만원에 팔았습니다. 신분당선 개통(2018. 4월)으로 계속 보유하고 있으면 시세는 더 오를 텐데, 임대사업자 등록을 하지 않아 양도세 중과를 피하고자 서둘러 판 것입니다.

짧지 않은 보유 기간, 그리고 오피스텔 취득세(매입가의 4.6%)와 중개비 등을 감안하면 이 투자에서 결과적으로 큰 수익을 내지는 못했어도 그는 웬만큼 자신감을 얻을 수 있었습니다. 아는 만큼 돈이 보이는 게 투자이지만, 전에는 이 같은 투자에 관심조차 없었으니까요. 무엇보다 투자 공부와 정보 습득의 중요성에 대해 새삼 깨달을 수 있었습니다.

이후 박 과장은 인터넷 투자 카페에 가입해 공부하면서 주위 사람들에게도 적극적으로 조언을 구했습니다. 그즈음에 "좋은 투자처 좀 알려주세요. 단 주식은 안 되고, 여유 자금은 전세금 외에는 별로 없어요."라고 제게 물었던 게 기억납니다. 그러던 차에 마침내 박 과장은 새로운 투자처를 찾게 됩니다. 손익공유형 모기지를 활용한 아파트 매입, 그리고 지식산업센터 투자입니다.

손익공유형 모기지로
내 집 마련하기

현재 그가 살고 있는 성남시 분당의 아파트는 2013년에 손익공유형 모기지로 매입했습니다. 매입가는 5억6천만원이었고 전세금 2억5천만원과 그간에 모으고 불린 돈을 보탰습니다. 5년이 지난 현재는 시세가 적지 않게 올라서 8억원 정도 합니다만, 애당초 손익공유 모기지로 대출을 받아서 시세 차익의 절반만이 본인 몫이라는 아쉬움은 있습니다.

수익공유 모기지 대출은 정부가 주택 거래 활성화 목적으로 2013년에 처음 내놓은 상품입니다. 생애 최초 주택 구입자를 대상으로 우리은행이 판매를 전담했는데, 수익공유형은 집값의 70%까지 1.5% 금리로 빌려주고, 손익공유형은 집값의 40%(2억원 한도, 20년 만기 일시상환)까지 1~2%의 고정금리로 빌려주는 대신에 매각 시의 수익 혹은 손실을 주택기금과 나누게 됩니다.

아파트를 매입하고 나서 2억4천만원 정도 올랐으므로 이는 결과적으로 잘한 투자였습니다. 무엇보다 전세금으로 묶인 돈을 리스크를 최대한 줄여 투자에 활용했고, 정부 정책자금 지원으로 나온 상품이라서 이자 비용을 크게 낮춘 것도 장점에 해당합니다. 당시에는 홍보가 크게 되지 않았기 때문에 주식에만 빠져 살던 때라면 이런 상품이 있는 줄도 몰랐을 텐데, 부지런히 투자 정보를 접하고 공부를 했던 덕분에 발 빠르게 기회를 잡았던 게 아닐까 싶습니다. 수익공유 모기지는 이후 일반은행 대출 금리가 2% 초반까지 떨어지고 집값이 오르면 수익을 나눠야 하기 때문에 최근에는 거의 사라지다시피 했습니다.(주택도시기금 홈페이지nhuf.molit.go.kr에서 관련 정보를 얻을 수 있습니다.)

두 번째 투자 또한 이만하면 성공이었습니다. 비교적 적지 않은 연봉과 성과금, 그리고 예전의 주식 투자 수익률을 훨씬 웃도는 자산 가치 상승으로 인해 박 과장은 차츰 목표를 높일 수 있었습니다. 꼭 투자의 귀재가 아니더라도 정보에 귀 기울여 노력하고 공부하면 작은 부자의 꿈을 이룰 기회는 얼마든지 찾아온다는 사실을, 직장 생활을 시작한 이래 그는 처음 깨닫습니다.

5천만원으로
지식산업센터 투자하기

분당 아파트를 매입한 후에도 박 과장의 재테크는 계속 이어졌습니다. 웬만큼 여유가 있는 지금도 경차를 타고 다닐 정도인데, 그때는 더했습니다.

그러던 어느 날 아파트형 공장(지식산업센터) 분양을 광고하는 현수막을 보면서 그는 또 한 번의 기회를 얻습니다. 처음에는 '공장이니까 많이 비싸겠네.'라고 생각하면서도 일반인에게 분양하는 데는 그만한 이유가 있을 것 같아 자세히 알아본 게 계기였습니다.

지식산업센터는 예전의 아파트형 공장과 똑같은 말입니다. 명칭이 바뀐 것이지요. 지식산업센터는 제조업 외에도 정보통신업 같은 지식산업과 이를 지원하기 위한 금융보험업, 근린생활 시설 등이 다 같이 입주하는 다층형(3층 이상) 건축물을 뜻합니다. 지식산업센터에 대해 알아보고 기존 투자자들의 이야기도 들어본 끝에 박 과장은 투자를 결정합니다. 그가 찍은 곳은 용인시 동백에서 오랫동안 미분양된 센터였는데, 분양가가 싸지 않고 기존의 분당 아파트 은행 대출도 있는지라 한동안은 지켜보기만 했습니다. 그러다가 갑자기 이곳의 미분양 물량이 사라지기 시작하는 것을 보고는 바로 뛰어들었습니다.

분양가는 50평형이 약 2억원이었습니다. 미분양 물량인 만큼 분양사 수수료를 깎아서 조금 더 싸게 매입했는데, 본인 자금 6천만원에 매입가의 80%는 은행 대출로 충당했습니다.(임차인 보증금이 1천만원이어서 실제 투자금은 5천만원입니다.) 대출이자는 월세 100만원을 받아서 내고 남는 돈은 다시 꼬박꼬박 모았습니다.

이 센터를 매입한 게 2014년이었는데, 4년이 지난 현재 시세는 3억원 정도입니다. 미금역 오피스텔에 비하면 훨씬 이득이지요. 지식산업센터 투자의 높은 수익률을 경험한 그는 곧바로 또 다른 센터들도 알아보았습니다. 그중 수원 IC 근처에서 막바지 분양 중인 센터에 눈독을 들였습니다. 이곳은 분양가가 3~4억원이라서 엄두를 못 내고 있다가 기존에 분양되었지만 시세가 절반 수준인 지하 1층이 급매로 나왔다는 정보를 듣고 바로 매수했습니다.(오피스텔의 전매 제한이 강화되는 데 비해 지식산업센터는 전매 제한이 없어서 매매가 자유롭습니다.) 급매라서 분양가보다 1천만원 싸게, 임차인이 3년 동안 확보되었다는 점도 솔깃한 조건으로 다가왔습니다. 물론 이 물건을 판 사람과는 달리 박 과장은 지식산업센터의 투자 전망을 밝게 보았던 게 결정적인 이유였고요.

두 번째 센터의 매입액은 1억8천만원이었고, 이 또한 매입가의 80%를 은행 대출로 충당했습니다. 이 센터도 2018년 4월 현재 3억원 정도 하는데, 박 과장이 얻은 수익은 평가 차익 약 1억원과 연간 임대수익 1,320만원(110만원×12개월)입니다. 세금과 관리 비용, 대출이자를 제하더라도 두 곳의 임대료는 매년 800만원 이상 남습니다. 레버리지를 매입가의 최대 80%까지 활용할 수 있어 실투자금이 적은 것도 매력적인데, 평가 차익에 임대 수익까지 포함해 따지면 수익률은 300% 이상이나 됩니다. 이런 센터가 두 곳에 오피스텔 임대료도 있으니까 매달 또 한 번의 월급을 받는 셈이지요.

참고로 지식산업센터는 개인사업자가 직접 입주하는 경우는 취등록세의 50%를 감면받고 부가세도 환급받는 등 더욱 다양한 혜택이 있습니다. 반면에 개인 투자자라면 임대사업자 등록을 해야 합니다.

업무 스트레스에 시달리는 생활에서 벗어나 부자의 기반을 다져가고 있는 박 과장은 올해로 직장 생활 12년차입니다. 아직은 젊고 부모나 처가의 도움을 받지 않은 직장인치고는 자산 10억원이면 작은 부자로 보아도 좋을 것 같습니다. 그의 비결은 본인의 성향과 상황에 맞는 투자 수단을 발견한 데에 있습니다. 물론 직장 생활에서 안정감을 찾은 것에 더해 재테크에의 의지와 절약, 저축은 기본이었고요.

다만 그가 투자를 하는 데 아주 많은 자금이 필요했던 것도, 타고난 투자 재능이 있어서 성공한 것도 아닙니다. 직장인 재테크나 투자는 의지만 있으면 수단과 방법은 얼마든지 보이게 마련입니다. 자산 시장에서 모두가, 항상 성공할 리는 없지만, 한두 번쯤의 시행착오를 두려워할 필요 또한 없습니다. 의지를 갖고 노력하는 한 실패마저도 더 큰 수익과 성공을 위한 투자가 될 것이기 때문입니다.

박 과장은 주식과 오피스텔 투자에서 이렇다 할 재미를 보지 못한 반면에 분당 아파트와 두 건의 지식산업센터 투자에서는 꽤 높은 수익을 얻었습니다. 투자의 정답은 늘 바뀝니다. 그 답은 사람에 따라 다를 수 있고, 지역이나 시기에 따라서도 달라집니다. 재테크로 성공하려면 무엇보다 본인에게 맞는 투자를 찾아야 하고, 정보 습득과 투자 공부에 늘 노력을 아끼지 말아야 하는 이유입니다.

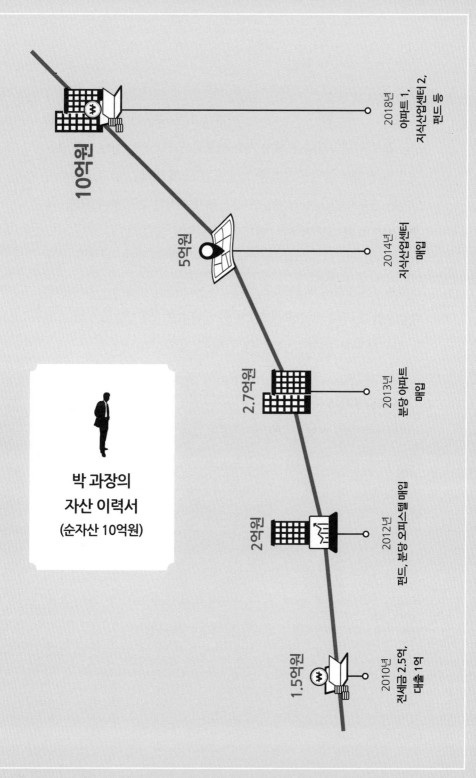

박 과장의
자산 이력서
(순자산 10억원)

10억원

5억원

2.7억원

2억원

1.5억원

2018년
아파트 1,
지식산업센터 2,
펀드 등

2014년
지식산업센터
매입

2013년
분당 용인 아파트
매입

2012년
펀드, 분당 오피스텔 3채 매입

2010년
전세금 2.5억,
대출 1억

부동산 투자자를 위한
세금 공부

아파트 같은 부동산 거래를 하려면 세금 공부는 필수입니다. 매입 시의 취등록세가 푼돈이 아니라서 집을 사기 전에 자금 계획에 포함해야 하고, 훗날 되팔 때는 양도세가 무지막지한 경우가 간혹 있기 때문입니다. 투자 목적의 고가 아파트라면 나중에 처분할 때 세금 몇 억이 왔다 갔다 할 수도 있습니다.

우리나라 부동산 세금은 크게 살 때 내는 취득세, 보유 기간 중의 재산세와 종합부동산세(종부세), 그리고 팔 때 양도소득세가 부과됩니다. 이중 2017년 8.2 부동산 대책으로 인해 다주택자의 양도세가 꽤 올랐고, 보유세 인상에 관한 논란도 끊이지 않고 있습니다.

1. 부동산 취득세

취득세는 부동산 등을 취득한 자에게 부과하는 지방세로 주택 실거래가와 면적에 따라 세율이 달라집니다. 6억원 이하 주택은 1%, 6억~9억원은 2%, 9억원 초과는 3%의 세율이 적용되고 여기에 농어촌특별세와 지방교육세가 붙습니다.(전용면적 85m² 이하는 농특세 면제)

주목할 점은 6억원, 85m² 이하라면 최소 세율인 1.1%인 데 비해, 6억원에서 1원만 넘어도 세금이 2배 이상 뛴다는 사실입니다. 예컨대 매매가 5억9천만원, 25평(83m²)은 취득세가 649만원이고, 똑같은 평형이 6억1천만원이라면 취득세는 1,342만원이 됩니다.

구분		취득세	교육세	농특세	합계
주택	6억원 이하 / 85㎡이하	1.0%	0.1%	–	1.1%
	6억원 이하 / 85㎡초과	1.0%	0.1%	0.2%	1.3%
	6~9억원 / 85㎡이하	2.0%	0.2%	–	2.2%
	6~9억원 / 85㎡초과	2.0%	0.2%	0.2%	2.4%
	9억원 초과 / 85㎡이하	3.0%	0.3%	–	3.3%
	9억원 초과 / 85㎡초과	3.0%	0.3%	0.2%	3.5%
일반매매, 토지(농지제외)		4.0%	0.4%	0.2%	4.6%
증여	일반	3.5%	0.3%	0.2%	4.0%
	85㎡ 이하 주택	3.5%	0.3%	–	3.8%

■ 부동산 취득세 세율표

2. 재산세와 종합부동산세

재산세는 과세 기준일인 6월 1일에 재산 보유자에게 1년분 세금을 부과합니다. 즉, 6월 2일에 집을 팔고 등기를 마쳤어도 세금은 이전 집 주인 몫이 됩니다.(7월과 9월에 나눠서 납부) 재산세의 과세 표준은 주택 공시가격에 공정시장가액비율(현재는 60%, 종부세는 80%)을 곱한 금액이 됩니다. 예컨대 공시가격 4억원인 아파트는 2억4천만원이 과세 표준입니다. 재산세는 이 과세 표준 금액에 따라 달라지는데, 여기에 지방교육세 등이 합산되는 구조입니다.(아래 표 참조)

그리고 재산세 납부자 중 주택 공시가격이 일정 금액을 넘으면 종합부동산세도 내야 합니다. 1가구 1주택인 경우는 공시가격 9억원, 2주택 이상이면 소유자 개인별 합산 공시가격이 6억원을 넘으면 종부세 부과 대상입니다. 최근 종부세 공정시장가액비율(세금을 계산할 때 적용하는 공시가격 비율)과 종부세율 인상을 통해 고가 다주택자의 보유세 부담을 높이는 방향으로 개정을 추진하고 있습니다.

과세 표준	재산세 세율
6,000만원 이하	0.1%
6,000만원~1억5천만원	6만원(0.1% 구간) + 0.15%
1억5천만원~3억원	19만5천원(앞 구간) + 0.25%
3억원 초과	57만원(앞 구간) + 0.4%

■ 재산세 과세 기준

3. 주택 양도소득세

2018년 1월 1일부터 종합소득세 3억~5억원 구간이 추가되었고 누진세율이 최고 42%로 2% 높아졌습니다.(여기에 지방세 10% 가산)

과세 표준	세율	과세 표준	세율
1,200만원 이하	6%	1억5천만~3억원	38%
1,200~4,600만원	15%	3억~5억원(2018 신설)	40%
4,600~8,800만원	24%	5억원 초과	42%
8,800~1억5천만원	35%		

일단 앞의 소득세율이 기본이고, 2018년 4월 1일부터 조정대상지역의 다주택자 양도소득세가 기본 소득세율에 더해 10~20% 중과됩니다. 조정대상지역의 장기보유특별공제 또한 배제되고, 분양권 전매는 양도 차익에 대해 보유 기간에 관계없이 50% 세율이 적용됩니다.

8.2 부동산 대책 이후 주택담보 대출을 규제하는 추세이고 다주택자의 양도세와 보유세 부담도 늘어났지만, 1세대 1주택이라면 비과세 규정을 따르는 한 세금을 크게 걱정할 일은 사실 없습니다. 1세대 1주택인 경우에 ① 보유 기간이 2년 이상이고, ② 양도가액 9억원 이하이고, ③ 거주 기간이 2년 이상(조정대상지역)이면 비과세 혜택을 받을 수 있기

구분		16.1.1~	18.1.1~	18.4.1~
2년 이상 보유		누진세율	누진세율	누진세율
1년 이상	일반	40%	40%	40%
	주택	누진세율	누진세율	누진세율
1년 미만	일반	50%	50%	50%
	주택	40%	40%	40%
1세대 3주택	기타지역	누진세율	누진세율	누진세율
	투기지역	누진세율+10%	누진세율+10%	〈삭제〉
	조정대상지역	–	–	누진세율+20%
1세대 2주택	기타지역	누진세율	누진세율	누진세율
	조정대상지역	–	–	누진세율+10%

■ 부동산 양도소득세 세율

때문입니다. 주택을 팔 때 행여 양도가액(매매가)이 9억원을 넘어도 이를 초과하는 차익 분에 한해 누진세율이 적용되고요.

참고로 국토교통부 부동산 공시가격 알리미www.realtyprice.kr에서 내 집의 공시가격을 확인할 수 있고, 2018년 8월 현재 조정대상지역, 투기과열지구, 투기지역 지정은 아래와 같습니다.

조정대상지역

서울 전역과 성남, 과천, 고양, 남양주, 동탄2, 안양 동안구, 구리, 광교 택지개발지구, 부산(해운대, 연제, 동래, 수영, 남, 부산진), 세종시

투기과열지구

서울 전역과 성남시 분당구, 하남, 광명, 대구시 수성구, 세종시

투기지역

서울(강남, 서초, 송파, 강동, 용산, 성동, 노원, 마포, 양천, 영등포, 강서, 동작, 동대문, 종로, 중구), 세종시

부자의 운명으로
갈아타는 법

자영업, 아파트 투자
오OO 사장, 43세 | 순자산 30억원

자수성가해 부자가 된 사람들의 삶을 돌아보면 공통점 하나를 찾을 수 있습니다. 이 책에서 소개하는 부자들도 거의 예외는 없는 것 같습니다. 바로, 살아오면서 부자의 운명으로 바뀌는 결정적인 계기가 있었다는 점입니다. 물론 세월이 지나고 나니까 "그때 그래서 성공할 수 있었던 거 같아요."처럼 한참 후에나 깨닫습니다.

지금 소개하는 순자산이 30억원을 훌쩍 넘는 40대 초반의 부자도 그중 하나입니다. 그가 대학을 졸업하고 백수 생활과 아르바이트를 전전하던 시절부터 친하게 지내는 후배입니다. 그의 장점은 성격이 무던하고 성실하다는 것입니다. 그리고 이보다 더 큰 장점은 '본인이 잘 모르는 분야는 주위에 꼭 물어보는 편'이라는 사실입니다. 이 같은 성향

덕분에 그는 부자의 운명으로 바뀌게 되었다고 생각합니다.

　성실하고 무던한 성격, 주위의 조언을 구하려는 자세는 참 바람직합니다. 그런데 이게 부자가 되는 것과 무슨 상관이 있을까요? 좋은 덕목이기는 해도 돈이 되는 것은 아닐 테니까요. 실은 저도 십수 년이나 지난 지금에야 이해가 되는 것 같습니다. 부자가 되려면 당장의 돈 얼마, 수익률 몇 퍼센트를 올리는 일보다 어쩌면 세상을 대하는 삶의 태도가 훨씬 중요하다는 사실을 말이지요.

서른둘에 마주친
세 가지 갈림길

　　　　　　　　　현재는 자영업을 하고 있으니 오 사장이라고 부르겠습니다. 그는 만사에 느긋하고 모난 구석이 없습니다. 20대 때부터 그랬습니다. 학벌이 좋은 것도 특별한 기술이나 자격증이 있는 것도 아닌데, 취업을 서두를 생각이나 장래에 대한 고민이 거의 없어 보였습니다. 무슨 일을 하고 싶은지 물어보면 "글쎄요? 때가 되면 뭐라도 하겠지요."라며 싱글벙글거리고 끝입니다.

　그러면서 노래방에는 뻔질나게 드나들었던 게 기억납니다. 대학 때 노래 동아리에서 활동할 정도로 노래를 좋아하긴 하는데, 딱히 직장이 정해지지 않은 상황에서 그처럼 즐겁게 생활하는 게 용하다고 여겨질 정도였습니다. 그러다가 노는 것도 지쳤는지 그는 식당에서 서빙 일을 시작했습니다. 낙천적인 성격을 타고난 때문인지 대학을 졸업할 즈음에 IMF 위기가 닥쳤을 때도 천하태평이었습니다. 이후 그나마 제대로 된 일터를 잡은 곳이 피자 가게였습니다.

피자 가게에서는 꽤 오랫동안 일했는데, 아마 새로운 직장을 찾아야 하는 상황이 답답하고 번거로웠는지도 모르겠습니다. 일은 성실하게 잘합니다. 마음에 드는 노래가 있으면 1,000번도 넘게 부를 정도로 한 번 마음에 꽂히면 거기에 푹 빠지는 것 또한 그의 천성이었던 것 같습니다. 다만 노래와 피자 가게 일 외에 번듯한 직장, 앞날에 대한 준비에는 큰 관심이 없었던 게 문제였지요.

돌이켜보면 피자 가게 일이 마음에 들었던 게 참 다행입니다. 물론 일이 아주 편하고 쉽지만은 않았습니다. 시간을 다투며 피자를 만드는 일이나, 오토바이를 타고 차도와 골목 구석구석을 누비는 와중에 이런저런 사고도 몇 번 있었습니다. 그렇게 직원으로 일하다가 어느 날 그는 직영점 점장으로 파견 발령을 받습니다. 순전히 '아무 생각 없이' 열심히 일한 덕분이었을 텐데, 그래도 성실함과 관리 능력을 인정받았으니까 매장 하나를 맡겼을 것입니다. 점장의 위치에서는 보이는 게 달랐습니다. 장사를 하면 돈을 많이 벌 수 있다는 걸 피부로 느낄 수 있었습니다. 점장이라고는 하지만 월급으로 생활비를 쓰고 나면 남는 게 별로 없어서 무슨 수라도 내어야 하는 상황이었고요.

현실에 안주하는 삶의 태도가 바뀐 것은 이 무렵이었습니다. 시골에 계신 아버지의 사업 실패, 그와 함께 믿음직스럽지 못한 아들에 대한 아버지의 불신을 오 사장은 많이 힘들어했습니다. 이때부터 그는 삶을 진지하게 바라보기 시작합니다. 비록 늦기는 했어도 제대로 된 일을 찾아야겠다는 생각이 들었습니다. 서른이 가까운 나이에 오 사장은 자신이 처한 상황을 돌아보며 인생의 새로운 선택지를 고민합니다. 세 가지 길이 보였습니다.

1. 시골에서 농사를 지으며 부모님 모시고 살기
2. 피자 가게 직원으로 계속 살아가기
3. 이제라도 번듯한 평생 직장 구하기

시골 땅 규모가 좀 돼서 벼농사와 특용 작물을 재배하면 서울살이 못지않을 것도 같지만, 너무 이른 나이에 귀농한다는 게 마음에 걸렸습니다. 피자 가게 일은 딱히 싫지는 않아도 벌이가 적고 장래성이 없다는 게 문제였습니다. 그리고 새로운 직장 구하기는, 그냥 막막했습니다. 스스로는 도저히 답을 찾을 수 없었던 오 사장은 주위에 속마음을 털어놓았습니다. 물론 제게도 찾아왔습니다.

평소 친했던 후배였고 그답지 않은 진지함에 밤늦게까지 이야기를 나눴던 것 같은데, 그날 밤의 결론은 대충 이랬습니다.

"번듯해 보이는 회사치고 전쟁터 아닌 데가 없다. 일이 힘들고 사람은 더 힘들다. 막상 들어가기도 쉽지 않다."

"네가 그나마 잘할 수 있고 또 좋아할 일을 찾아봐라. 웬만한 월급쟁이 생활보다 훨씬 낫다."

"시골에 가려면 돈을 많이 벌어서 내려가라."

이런저런 이야기 끝에 그가 다니던 피자 가게 월 순수익이 화제에 오르자, 피자 프랜차이즈 오픈으로 이야기 방향이 기울었습니다. 초기 자본이 문제일 뿐, 피자 가게는 그가 푹 빠져서 할 수 있는 자기 사업입니다. 그의 성향상 바닥부터 일어서야 되는 일보다 시스템이 갖춰진 일이 더 맞기도 했고요. 당시에 피자 체인점 오픈에는 가맹비와 임차 보증금 등을 합해 2억5천만원 정도 필요했는데, 결국 상당 부분의 자금은 아버지가 일구신 시골 땅을 담보로 대출받기로 했습니다. 만약에 잘못되면 어떡하느냐며 망설이는 그에게 "잘하면 되잖아? 평생을 두고 되갚으면 되는 거고."라며 안심시켰습니다.

얼마 후 오 사장은 부모님께 자초지종을 말해 승낙을 구하고, 서울시 관악구에 피자 체인점을 열었습니다. 빌라촌을 배후로 둔 피자 가게는 매출이 낮고 직원 구하기도 어렵다는 게 통설이었는데, 전부터 쭉 해오던 일이고 원래 낙천적인 성격이라서 매장 수익성 같은 고민은 접어두고 무조건 열심히 일했습니다. 아버지의 피땀이 어린 땅을 담보로 얻은 가게였으므로 더더욱 열정을 쏟아야 했고요. 다행히 매출과 수익성은 시간이 갈수록 늘어났습니다. 피자는 외식보다 훨씬 저렴한 비용으로 즐길 수 있지만, 치킨처럼 경쟁이 치열하지 않다는 점도 하나의 성공 요인이었습니다. 꽉 찬 나이에 연애도 안 하고 장사만 생각하며 살았으니 사실 잘 안 될 리가 없기도 했습니다.

돈이 불어나는
속도가 다른 삶

피자 가게가 자리를 잡으면서 매달 현금이 들어왔습니다. 창업한 초기인 2001년에는 월 500만원 전후였던 순이익이 2년이 지나자 1천만원을 넘나들 때도 있었습니다. 그러자 현금 여유가 부쩍 늘어났습니다만, 재테크는 생각해보지도 잘 알지도 못하던 때라서 오 사장은 적금을 200만원씩 넣는 외에는 평소처럼 일만 열심히 하며 살았습니다.

재테크를 해야겠다는 생각이 든 것은 통장에 현금이 더더욱 쌓이고 주위에서 투자 수익 좀 봤다는 이야기를 몇 번 들었던 게 계기였습니다. 재테크 지식이 거의 없었기 때문에 이번에도 다른 직장인 지인이나 사업하는 사람들에게 조언을 구했습니다. 그들은 주식이나 펀드, 부동산 등을 다양하게 추천했는데, 한 번에 여러 가지 일을 못 하는 성격의 오 사장은 투자해놓고 잊고 지내기에 좋은 적립식 펀드로 방향을 정했습니다. 국내주식형, 해외주식형, 주식과 채권 혼합형에 100만원씩 매달 300만원을 넣었습니다.

물론 펀드에 대해서는 거의 모릅니다. 당장에 수익이 나든 말든 꾸준히 투자할 만한 상품을 추천받은 결과에 따를 뿐이었습니다. 그가 했던 판단은 단 한 가지였습니다.

'세상은 점점 좋아지고 있고, 자산 가치도 덩달아 높아질 것이다.'

피자 가게 매출이 나날이 늘듯이 꾸준히 투자하면 결국 잘되겠지, 라는 생각이었던 것입니다.

이후 피자 가게는 꾸준히 잘돼서 월 순수익이 평균 1천만원을 웃돌았습니다. 여전히 현금 여유가 있어서 펀드 외에 이번에는 가게에서 멀지 않은 곳에 작은 아파트를 하나 장만했습니다. 물론 이때도 다른 사람들의 의견을 바탕으로, 현금보다는 부동산에 돈을 묻는 게 낫겠다는 직감을 따랐습니다.

피자 가게를 운영한 지 7, 8년이 지나자 순자산은 8억원쯤으로 늘었습니다. 펀드와 부동산 투자 또한 20~30% 이상 올랐고요. 애당초 시골에서 농사를 지었거나, 다른 직장을 알아봤거나, 그냥 피자 가게 직원의 삶을 선택했다면 결코 이루지 못했을 결과이지요.

단 하나, 아쉬웠던 것은 너무 일만 하며 살았던지라 서른이 넘도록 결혼을 못한 것뿐이었습니다. 그런데 이마저도 그에게는 자산이 크게 업그레이드되는 기회가 됐습니다.(이 또한 세월이 지나고 나서야 알게 됩니다.) 연애 경험이 별로 없었던 터라 사람을 새로 만나서 또 서로가 맞는지 어떤지를 알아가는 과정이 쉽지 않을 거라 생각한 오 사장은, 그냥 결혼 정보업체 듀오를 통하기로 했습니다. 어느 정도는 본인에게 맞는 사람을 추천해줄 것이고, 느낌이 크게 엇나가는 사람만 아니면 될 거라는 의도였던 것입니다.

그래서 결혼까지 골인하게 되었는데, 와이프는 동대문에서 의류를 가져와 여의도 지하상가 가게에서 파는 일을 했습니다. 기본적으로 친절하고 성실한데다가 장사 수완도 좋아 꽤 높은 매출을 올리고 있었습니다. 피자 가게에서 월 1천만원, 옷 가게에서 월 1천만원의 수익이 났으니까 자영업 부부로서는 금상첨화였습니다.

게다가 이게 끝이 아니었습니다. 아내의 옷 가게 수익 구조를 이해한 남편은 사업을 좀 더 키워볼 것을 권합니다. 그래서 청계천 근처에 매장을 새로 냈는데, 중국인 관광객들이 밀려들어서 그야말로 수입이 어마어마하게 늘어났습니다. 동대문에 있는 공장을 인수해 직접 의류를 만들 정도로 장사가 잘됐는데, 지금은 사드 여파로 관광객이 급감해 경영에 다소 어려움을 겪고 있습니다.

인생에 3번의 기회가 있다는 것

오 사장은 자신의 장단점이 무엇인지를 정확하게 이해하고 있습니다. 본인이 잘 모르는 분야는 주위 사람들의 의견을 꼭 듣습니다. 그렇다고 귀가 얇은 것도 아닙니다. 남의 조언을 들으면서도 합리적인 결정을 내리는 편인데, 이게 천성일까요? 여하튼 저는 이것이 부자가 된 이유 중 하나라고 생각합니다. 아주 오래전에 피자 가게 창업을 결정한 것은 결국, 저의 제안 때문이 아니라 그가 자신에게 권한 가장 합리적인 선택이었습니다.

그 같은 성향이 자영업이나 사업에서 두각을 드러낸 이유가 아닐까 싶습니다. 이제는 아이가 둘인 오 사장은 최근 용산에 26억 원짜리 집을 샀습니다.(대출 14억) 시골에 계신 부모님에게도 효자 노릇을 톡톡히 하고 있고요. 인생에는 흔히 3번의 기회가 있다고 하지요? 오 사장 인생의 첫 번째 기회는 피자 가게 창업, 두 번째가 지금의 와이프를 만난

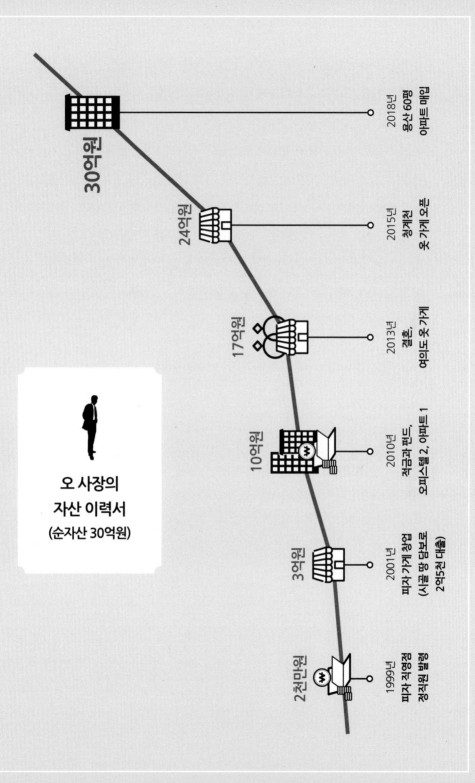

오 사장의
자산 이력서
(순자산 30억원)

30억원

24억원

17억원

10억원

3억원

2천만원

2018년
용산 60평
아파트 매입

2015년
청계천
옷 가게 오픈

2013년
결혼,
여의도 옷 가게

2010년
적금과 펀드,
오피스텔 2, 아파트 1

2001년
피자 가게 창업
(서울 땅 담보로
2억5천 대출)

1999년
피자 직영점
정직원 발령

일이라고 생각합니다. 그리고 세 번째 기회는 언제가 됐든 훗날에 꼭 다시 찾아올 거라고 믿습니다.

눈앞에 드러나지 않을 뿐이지 인생의 기회는 우리 곁을 몇 번이고 지나갑니다. 부자의 운명이란 것도 사실 그런 게 아닐까요? 문제는 인생의 기회를 알아차리고, 또 내 것으로 만들 수 있는지 여부입니다. 제가 바라보는 오 사장은 그 기회를 놓치지 않을 재주를 지녔습니다. 긍정적인 태도와 성실함, 자신의 장단점을 정확하게 알기, 모르는 것은 주위에 꼭 물어보기, 빠른 추진력 등이 부자의 운명으로 갈아탈 수 있었던 그의 비결이었다고 생각합니다.

투자도 인생도
결국은 나의 책임

직장 생활, 부동산 투자
이OO 부장, 50세 | 순자산 20억원

책에서 소개하는 부자 직장인 중에는 부동산, 그중 아파트 투자를 통해 부자가 된 사례 비중이 높은 편입니다. 다른 분야의 투자에 비해 리스크가 적어 안정적인 시세 차익을 올릴 가능성이 더 크기 때문입니다. 아파트와 대출에 자산의 상당 부분이 묶여 있으므로 계획적인 저축 생활에 도움이 되는 측면도 있고요.

물론 아파트 투자로 손실을 볼 수도 있고, 부동산 투자만이 부자에의 정답도 아닙니다. 삼성전자 주가만 보더라도 30년 전인 1997년에는 3~5만원으로 지금은 600배가량 올랐으니까요. 이 외에 채권이나 펀드, 장외주식, 땅, 상가, 이주자 택지, 재건축, 경매, NPL(부실채권) 투자 등등 부자가 되는 수단은 우리가 생각하는 이상으로 다양합니다. 한마디로 '세상은 넓고 투자할 대상은 많다.'이지요.

NPL은 Non-Performing Loan(부실채권)의 줄임말로 대출loan을 했지만 3개월 이상 이자가 연체되어 수익performing이 없는non 채권을 뜻합니다. 은행은 부실채권 비중이 높으면 건전성이 나빠지고 대손충당금을 쌓아야 하는 등의 문제가 생깁니다. 그래서 부실채권 일부를 바겐세일을 해서라도 가급적 매각하려고 하는데, 이때 은행의 근저당권을 매입해 경매에서 배당받거나 시세보다 싸게 낙찰받아 수익을 내는 게 NPL 투자의 기본 개념입니다. 부동산 경매 수익성이 떨어지면서 '경매가 좋은 시절은 다 갔다.'라는 말마저 나옵니다만, 예전의 경매가 누린 인기가 지금은 NPL 투자로 일부 넘어오고 있습니다.

몇 번을 언급했듯이 직장인이 부자가 되는 수단은 투자 외에는 없습니다. 순수한 노동의 대가로는 살림살이가 좀 나아질 뿐 부자가 되는 길은 요원합니다. 문제는 물려받은 재산이 별로 없는 직장인이라면 자산을 바닥부터 하나하나 쌓고 불려야 한다는 점입니다. 이게 쉬울 리 없습니다. 지금까지 소개한 직장인 부자들은 상당히 잘 풀린 케이스에 속합니다. 그래서 기본적으로 직장인이 부자가 되려면 사람이 모질어야 하는지도 모르겠습니다만, 그보다 중요한 게 있습니다. 한두 번의 투자 실패나 시행착오에도 낙담하지 않고 다시 일어서기입니다. 또한 실패로부터 뭔가를 배울 수 있어야 합니다. 이번에는 그렇게 해서 부의 기반을 다진 분을 소개하고자 합니다.

코스피 시가총액 20~30위권 대기업에서 20년 넘게 근무한 이 부장의 순자산은 20억원쯤 됩니다. 내로라하는 대기업에서 오십 가깝게 일하면 이 정도 재산은 당연한 걸까요? 그렇지 않습니다. 본인한테도 대놓고 물어봤습니다. "형님. 직장 생활만 죽어라 했어도 그렇게 모았을까요?"라고요. 그의 답은 "아니. 아마 퇴직금을 보태도 10억이 간당간당했을걸. 평범한 직원을 부자로 만들어주는 회사는 세상에 없으니까."였습니다. 자신은 이렇다 할 부자가 아니고 여러 번의 시행착오를 겪었어도, 투자에 관심을 갖고 어떻게든 부닥치며 살아왔으니까 그만큼이라도 이룬 거라는 설명이었습니다.

무엇을 알기보다 누구를 아는지가 더 중요하다

투자에서는 무엇을 알기보다 누구를 아는지가 더 중요할 때가 많습니다. 이 부장이 부동산 투자에 발을 들이게 된 계기를 들어보면 더더욱 그런 생각이 듭니다. 시골에서 자라 91년부터 사회생활을 시작한 그는 초년기 직장인들이 으레 그렇듯이 재테크나 투자에는 거의 문외한이었습니다. 원래 저 같은 시골 출신들의 단점 중 하나가 은행을 잘 이용하지 못한다는 사실입니다. 예적금 외에는 거의 활용하지 못하고, 하물며 남의 돈(은행 대출)은 최대한 빨리 갚아야 밤에 잠도 잘 옵니다.

총각 시절의 이 부장도 크게 다르지 않았던 것 같습니다. 재테크 요령이 부족한 데 더해, 주식이나 부동산 투자에 대해서는 더더욱 모르고 살았습니다. 다른 지역에 좋은 투자처가 있어도 '내가 거기에서 직접 살 것도 아닌데 뭐 하러 집을 사?'라는 식이었습니다. 연차가 짧았으니까 모아둔 돈이 많지 않았고, 은행 대출을 최대한 활용하는 것 또한 있을 수 없는 일이었습니다. 그냥 월급 타서 매달 조금씩 저축하고, 직장 사람들과 잘 어울리며, 시간이 날 때마다 좋아하는 운동을 하면서 건강하게 지내는 게 최고라는 마인드였습니다. 여기에 '돈을 제대로 벌어봐야겠다.'라는 생각은 애당초 없었습니다.

그가 투자에 관심을 가지게 된 것은, 서울에서 아파트 청약이 당첨되어 연봉 이상으로 큰돈을 번 선배 이야기를 귀동냥하면서부터입니다. 그전에는 청약은 주위에서 아무리 떠들어도 본인과는 먼 얘기로만 생각했고(목돈이 꽤 준비되어야 청약도 가능한 것으로 알고 있었습니다.), 청약저축이 있다는 것도 그 선배에게 처음 들었습니다. 이 부장은 선배의 투자 조언을 따르기로 했습니다. 총각이던 때라서 돈을 통장에 넣어도 쓰기만 하니까 적금 든다는 생각으로 청약저축에 가입한 것입니다. 93년쯤이었는데, 이때만 하더라도 아파트 투자를 목표로 했다기보다는 선배가 시키니까 '한번 해볼까?'라는 정도로 마음먹었습니다.

청약저축을 부으면서 투자에 대한 관심도 조금씩 싹트기 시작했습니다. 매달 많은 돈을 넣는 것은 아니지만, 직장인들 몇몇이 모이면 가족사보다는 재테크 이야기가 곧잘 나온 영향도 있었고요. 이후 분당 신도시가 분양되면서 아파트 투자 열기가 뜨거워졌고, 직원들 중에는 청약 당첨으로 얼마가 올랐느니 얼마를 벌었다니 하는 이야기가 나돌았습니다. 밑천이 부족하고 부모로부터 도움을 받을 수도 없는 이 부장 처지에서는 그림의 떡이었습니다. 하지만, 아파트 청약이 어떻게 돈이 되는지를 지켜보면서 투자에 대한 관심은 커져만 갔습니다. 아울러 목돈 마련을 위해 저축을 늘리는 계기도 되었습니다. 90년대 초중반에는 적금 금리가 10%를 넘나들 정도라서 씀씀이를 줄이는 만큼 돈은 차곡차곡 불어났습니다.

그러던 차에 기회가 왔습니다. 회사 인근에 영통 신도시 분양이 발표된 것입니다. 청약을 준비하면서 당시에 이 부장이 고려했던 것은 3가지였습니다. 첫째가 들고 있는 돈, 둘째가 위치, 셋째가 건설사입니다. 당시에 보유 자금 규모를 최우선으로 고려했던 만큼 하마터면 큰 실수를 할 뻔했다고 그는 말합니다.

영통 신도시 발표 후에 인근 지역에서도 아파트 분양이 몇 군데 있었는데, 분양가와 모델하우스 등을 비교한 끝에 상대적으로 저렴한 그쪽 청약을 염두에 두었습니다. 조금 외곽 지역이기는 해도 가진 돈에 맞추려고 하니까 더 눈에 들어왔던 것입니다. 다행히 이때도 선배의 조언이 큰 역할을 했습니다. 선배가 "분양가가 비싸도 신도시 지역을 하는 게 나중에 더 좋을 것이다."라며 극구 말려준 덕분에 영통으로 결정할 수 있었습니다. 선배의 판단은 결국 옳았고, 영통 아파트 투자 이후에 이 부장의 청약 우선 고려사항은 바뀌었습니다.

첫째, 위치

둘째, 건설사

셋째, 들고 있는 돈

영통 아파트 투자에는 또 하나의 아쉬움이 있습니다. 그래도 가진 돈을 생각하지 않을 수 없어서 25평을 청약했는데, 입주 후에 25평과 30평대 가격 상승률을 보니까 그제야 후회가 되었습니다. 은행 대출을 더 활용해서라도 30평형을 잡아야 했던 것이었습니다. 이는 은행 레버리지 활용도 능력이라는 사실을 일깨워주었습니다.

영통 아파트는 시세가 두 배쯤 올랐을 때 처분했는데, 이 부장은 선배를 잘 만난 덕이라고 지금도 말합니다. 분명 부동산 투자에 대해 전혀 모르던 상태에서 눈을 띄어준 것은 직장 선배가 맞습니다. 하지만 아무리 주위에서 좋은 정보를 주고 요령을 알려줘도 내 쪽에서 귀를 닫고 눈을 감으면 아무 소용없을 것입니다.

부동산 투자가
늘 봄날은 아니다

선배의 조언으로 첫 번째 아파트 투자에서 기대 이상의 성과를 낸 이 부장은 부동산 투자에 더욱 관심을 갖게 됩니다. 어느 날은 업무 차 성남에 다녀오던 중에 용인의 구갈 3지구 모델하우스에 들렀는데, 미분양으로 3순위 청약을 받고 있었습니다. 경쟁률은 3대 1, 그는 크게 고민하지 않고 본인과 와이프 명의로 2개를 청약했습니다. 그 결과 하나가 3억원에 당첨되었고, 이후 시간이 흐르면서 시세는 꾸준히 올랐습니다.

이번 투자에서도 재미를 본 이 부장은 아예 살고 있는 아파트를 팔고 전세로 옮긴 다음에 그 자금으로 다른 투자처를 찾아나섰습니다. 이때는 부동산 전문가의 자문까지 구해가며 아주 적극적이었습니다. 그렇게 투자한 것이 용인 서천 지구와 용인 시청 앞 아파트 분양권 전매였습니다. 하지만 결과적으로 시장의 흐름을 읽지 못하고 만약의 경우에 대비하지 않은 것이 큰 실책이었습니다.

서천 지구는 분양권 계약 후 일주일 만에 1,500만원이 오르기도 했는데, 정부 부동산 대책 발표와 함께 거품이 빠지기 시작했습니다. 여윳돈 없이 아파트 두 채를 매입한 탓도 있고 심적으로도 시세 하락을 감당하기 어려웠습니다. 그는 어쩔 수 없이 1차로 매입한 분양권을 손해를 보고 되팔았습니다만, 이후로도 부동산 침체는 계속 이어져서 2차 분양권마저 손해를 보고 전매해야 했습니다. 여윳돈이 조금만 더 있었어도 버텨볼 요량이었습니다만, 돈을 융통할 데가 없는 그에게는 불가피한 선택이었습니다.

결국 용인의 구갈 3지구 분양 건만 유지했는데, 한동안의 프리미엄은 거의 사라지고 분양가 수준까지 시세가 내려왔습니다. 이 부장은 고심 끝에 버티기로 마음먹었고, 이후 시장이 안정되면서 시세가 5천만원 정도 재상승했을 때 털어버렸습니다. 하지만 이 또한 판단 착오였습니다. 부동산 경기는 더욱 좋아져서 구갈 3지구는 입주 시점에 1억원까지 올랐고, 앞서 손해를 보고 전매한 2건 또한 많이 올랐습니다. 시장의 큰 흐름을 헤아려보지 않고 전문가와 상담도 없이 순전히 한순간의 판단으로 처분한 게 못내 아쉬웠습니다. 그저 자신의 복은 여기까지라고 위안을 삼을 수밖에요.

직장 선배 말을 듣고 투자한 아파트 청약 등에서 수익을 내고, 부동산 전문가의 말을 따라 분양권을 매입한 2건에서 시세 하락을 경험한 끝에, 성급한 판단에 따른 매도로 투자 손실을 확정지은 이 부장은 자신의 투자를 진지하게 되돌아보게 됩니다. 정보를 빠르고 다양하게 구하되 결국 투자 판단과 그 책임은 본인 몫이어야 했습니다. 선배 말이나 전문가의 추천과는 별개로 해당 자산의 가치를 알아볼 안목을 스스로 키워야 했던 것입니다.

스스로 책임지는 투자가
성공으로 이어진다

이 부장의 부동산 투자는 전과 달리 신중해졌습니다. 리스크를 감안한 체계적인 투자로 전환하고, 시장을 길게 보는 안목을 갖추고자 노력했습니다. 기본적으로 유망한 투자 정보를 접하면 본인이 충분히 알아보고, 지인이나 전문가 상담을 통해 검증하는 과정을 꼭 거쳤습니다. 그러자 비록 크게 남지는 않았어도 한두 차례 안정적인 수익을 낼 수 있었습니다.

이후에 그가 크게 투자한 곳은 동탄 이주자 택지였습니다. 앞의 다른 직장인 부자도 이곳에 투자해 큰 수익을 냈는데, 이 부장의 경우는 투자 겸 노후에 대비하는 차원이었습니다. 현재는 택지 중 일부를 전매하고 단독주택을 직접 지어 살고 있습니다. 단독주택 부지는 땅값이 2억 원에 프리미엄 8,500만원, 그리고 건축비가 3억2천만원 정도 들었습니다. 대지 면적 72평에, 현재 시세는 대략 12억원 정도입니다. 2007년에 매입해서 두 배 가까이 올랐으니까, 노후 대비에는 일단 성공한 셈이라고 할 수 있습니다.

이 택지는 부동산 투자에 해박한 지인이 추천해주었는데, 큰돈이 들어가는 만큼 단시일 내에 이중삼중으로 검증하는 과정을 거쳤습니다. 단독주택 특성상 상권과 자녀 양육 환경을 고려한 위치에 특히 높은 비중을 두었고, 택지의 용적률과 건폐율, 필지 당 허용 가구 수, 그리고 '물딱지' 같은 위험성이 없는지도 꼼꼼히 살폈습니다.

물딱지란 입주권(일명 딱지)이 주어지지 않는 주택을 말합니다. 개발 예정지의 철거민이나 원주민에 대한 보상책으로 토지나 입주권이 주어지는데, 집이 헐린다고 모두 입주권을 받는 게 아니라 투기 수요가 개입한 경우 등 일부는 입주권 없이 현금 청산을 통해 강제 수용되기도 합니다.(재개발 지역에서 한 명이 여러 토지나 주택을 보유해도 1가구에 대해서만 분양권을 주고 나머지는 현금 청산합니다.)

한국토지공사 택지 분양 공고에 나오는 용적률과 건폐율 또한 상식입니다. 건폐율은 대지 면적에 대한 건축 면적 비율입니다. 이에 비해 용적률은 대지 면적 대비 건축물의 연면적(각 층의 바닥 면적을 모든 합한 면적) 비율입니다. 연면적에 지하층과 지상 주차장은 해당하지 않고요. 예컨대 용적률 200%라면 대지 면적의 건축물 2층이나, 대지 면적의 절반 넓이의 건축물 4층을 지을 수 있습니다.

이 부장은 이주 대상자 확정 후에 바로 뛰어들어서 비교적 저렴하게 택지를 매입할 수 있었는데, 한편으로는 비용이 많이 들더라도 유망 상권에 근접한 코너 자리가 더 나았을 거라고 판단하는 듯합니다. 요즘은 주차 문제가 크므로 근처에 공용 주차장이 있다면 큰 장점이라고도 말하고요. 다만, 근래에 상가 주택이 많이 늘어나서 투자비 대비 임대 수익이 기대 이하인 곳이 적지 않다고 합니다. 3층에 거주하면서 1층 상가를 운영하는 경우는 또 별개의 계산이 필요하고요.

이 부장은 초보자가 명심해야 할 투자 노하우로서 1. 항상 관심을 가지고, 2. 투자 기회가 올 때를 위해 평소에 준비하고, 3. 관심 투자처가 있으면 전문가와 상담하라, 를 제시합니다.

덧붙여 그가 20여년의 직장 생활과 성패를 거듭한 부동산 투자에서 깨달은 것은, 스스로 책임지는 투자가 성공으로 이어진다는 사실이었습니다. 내가 모르면 책임질 수 없고, 다른 사람의 조언마저도 내 책임이므로 더욱 신중하게 판단해야 합니다. 또한 만약에 잘못돼도 감당할 수 있는 만큼만 투자해야 내가 책임질 수 있습니다. 그리고 보면 투자도 인생도 결국은 모두 내 책임이 아닌가 싶습니다.

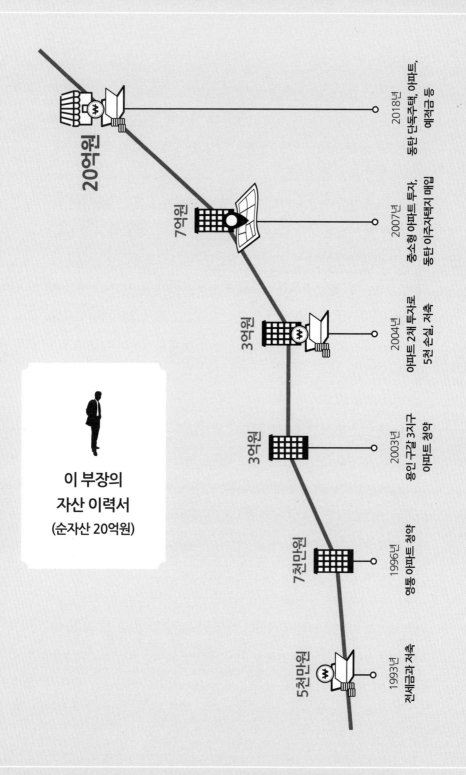

이 부장의
자산 이력서
(순자산 20억원)

20억원

20억원
2018년
동탄 단독주택, 아파트,
예적금 등

7억원
2007년
중소형 아파트 투자,
동탄 이주자택지 매입

3억원
2004년
아파트 2채 투자로
5천 손질, 저축

3억원
2003년
용인 구갈 3지구
아파트 청약

7천만원
1996년
영통 아파트 청약

5천만원
1993년
전세금과 저축

돈이 되는 부동산은
따로 있다

부동산 시장의 중장기 전망은 누구도 확신할 수 없지만, 어느 한 부류는 그 흐름의 정답 위에 서있습니다. 결국 이들이 돈을 법니다.

이는 어떤 자산 시장도 마찬가지라서 돈을 벌거나 잃는 사람들이 늘 혼재하게 되는 근본 이유입니다. 흐름을 알면 돈을 벌고 모르면 돈을 잃습니다. 해당 분야의 전문가라고 일컫는 부류도 크게 다르지 않습니다. 부동산 시장 전망에 관한 힌트를 얻고자 자타가 공인하는 전문가에게 조언을 구한 적이 있습니다만, 외부 칼럼 기고가 상당히 까다로워졌다는 이야기를 들었습니다. 부동산 시장 전망이 걸핏하면 어긋난다는 이유 때문이었습니다.

부동산 시장에는 언제나 다양한 목소리가 존재합니다. 지금도 그렇고 예전에도 그랬습니다. 그중 시장의 위기를 외치는 목소리는 소수 의견이라도 크게 들리는 법입니다. 휩쓸리기 쉬운 측면이 분명히 있습니다. 그들이 늘 틀린다는 뜻이 아닙니다. 그들도 저도 장담은 못합니다. 이와는 반대로 시장의 상승세를 점치는 전문가들도 언제나 있어왔습니다. 그러면 어느 쪽 전망을 따라야 할까요? 이것은 결국 내가 판단하고 결정해야 할 문제입니다.

좀 더 정확히 말하면, 내가 직접 판단할 수 있는 투자 소양과 정보, 객관적 태도를 갖춰야 하는 것입니다. 지금 투자하면 돈을 번다는 이야기, 혹은 앞으로 시장이 대세 하락할 거라는 이야기는 잘 모르는 상태에서 들으면 솔깃합니다. 한편 대충 알고 들으면 그때는 내가 시장에 대해 어떤 입장을 가지고 있는지가 큰 영향을 미칩니다. 대세 상승론자 귀에는 가격이 오르는 요인이 유독 크게 들리고, 하락론자는 가격이 떨어진다는 이야기를 더 관심 깊게 찾습니다.

이 같은 심리에 흔들리지 않으려면 방법은 하나입니다. 시장에 대한 확신이 들 때까지 내 스스로 찾아보고 공부하는 것입니다. 이렇게까지 했는데도 전망이 어긋날 수는 있습니다만, 부동산 투자에서 흔한 일은 아니고 설령 그렇더라도 낙담은 금물입니다. 시장 판단이 어긋나 한두 번의 투자에서 손실을 보더라도 실패의 경험이 더욱 소중한 공부가 되기 때문입니다. 그는 결국 성공합니다.

부동산 시장의 대세 하락을 전망하는 전문가들이 늘고 있습니다. 최근에 아파트를 중심으로 시세가 많이 오른데다가 부동산 가격 상승을 억제하는 요인이 하나둘 가시화되고 있기 때문입니다. 2008년 금융위기 때부터 이어져오던 양적 완화를 되돌리는 차원에서 시장 금리가 바닥을 찍고 상승으로 방향을 잡았습니다. 문재인 정부가 들어선 이래 재건축 규제와 양도세 중과세 방침, 대출 규제, 아파트 입주 물량의 증가, 생산 가능 인구 감소, 보유세(재산세+종합부동산세) 인상 이슈 등이 부동산 가격 하락을 부추기고 있습니다.

물론 여기에 대한 반대 의견도 만만치 않습니다. 1~3인 가구가 늘어가는 데 따른 주택 수요 증가, 서울과 수도권 지역의 신규 택지 공급의 한계, 그리고 '단기적으로 정부 시책을 이기는 시장은 없지만, 장기적으로 시장을 이기는 정부도 없다.'는 여태의 논리입니다. 금리 인상 문제 또한 그렇습니다. 금리가 오르면 이자 비용이 높아져 부동산 수요가 위축된다는 게 일반적인 관점인데, 이는 대출 비중이 높고 자금 여력이 낮은 사람들에게 주로 해당됩니다.

금리가 오르면 서민들 부의 증가보다 부자들의 부의 증가가 더욱 가파릅니다. 이른바 빈익빈부익부 현상의 심화입니다. 부자들은 현금성 자산이 많아서 금리 인상의 혜택이 더 큰데다가, 기본적으로 부동산을 매입하면서 금리 환경에 크게 얽매이지 않습니다. 그들이 가장 크게 고려하는 것은 부동산의 미래 가치와 자산 축적의 수단 찾기입니다. 넘쳐 나는 현금을 어디에든 묻어야 하는 측면도 있습니다. 그래서 부자들이 많이 거주하는 지역에서는 한동안 가격이 억눌리고 조정되는 기간이 있을지언정 때가 되면 반등할 여지가 훨씬 크다고 볼 수 있습니다. 최근 부동산 시장에서 '인 서울'의 가치가 두드러지는 것 또한 그 같은 흐름의 일환입니다.

부동산 시장의 이 같은 가격 탄력성은 예전에도 몇 번 있었습니다. 노무현 정부 후반기 때 부동산 시장의 수요 억제를 중심으로 한 규제책을 강력하게 시행하자 한동안 거래 절벽 현상이 이어지더니 1~2년이 지난 후에 부동산 시세가 폭등한 것도 하나의 예입니다. 당시 서울 지역은 20% 이상 올랐는데, 아파트 수급 균형에 대한 우려가 가격 상승에 불을 지폈습니다.

참고로 아파트 시세 변동률 통계는 개별 아파트가 아니라 해당 지역의 시가총액 대비 거래 가격 증감을 따집니다. 예컨대 주간 0.1% 상승

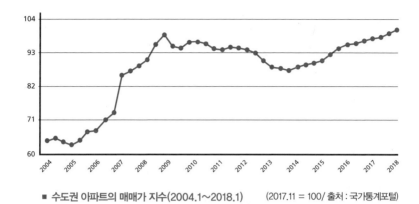

■ 수도권 아파트의 매매가 지수(2004.1~2018.1)　　(2017.11 = 100/ 출처 : 국가통계포털)

이면 10억짜리 아파트가 겨우 100만원 오른 게 아닙니다. 거래되지
않은 아파트의 가격 변동은 없다고 보고 거래된 아파트의 가격 증감을
이전 시가총액과 비교하니까 가격 체감의 괴리가 클 뿐입니다. 만약 매
주 발표하는 주간 상승률이 1%가 넘는다면 그야말로 '자고 일어났더
니 1억이 올랐다.'와 비슷한 상황인 것입니다.

　어느 정부든 부동산 가격 급변을 의도하며 정책을 추진하지는 않습
니다. 부동산 시장의 안정화가 기본 목표입니다. 하지만 박근혜 정부 시
절처럼 대놓고 부동산 가격 상승을 부추기는 정책이 아니더라도 시장
정책은 기대와 상반하는 부작용을 낳기 쉽습니다. 시장은 살아있는 생
물과 같고 돈은 어디로든 흘러야 하기 때문입니다.

　위의 수도권 아파트 매매가 흐름에서 확인할 수 있듯이 노무현 정부
후반기에 폭등한 아파트 가격은 이명박 정부 시절에 세계 금융 위기를
겪으며 투기적 수요가 상당 부분 빠지는 조정을 받았다가, 박근혜 정부

중반기부터 분위기가 사뭇 달라졌습니다. 재건축 연한을 40년에서 30년으로 줄이고 대출 규제를 완화하는 등 경기 부양 수단으로서 부동산 시장 규제를 푼 영향입니다.

이에 비해 문재인 정부의 부동산 정책, 특히 아파트 정책의 목표는 주택 시장의 안정을 통한 서민 복지 향상에 있습니다. 수요 억제에 역점을 두는 것은 과거 노무현 정부의 정책과 비슷한데, 현재로서는 서울의 아파트 매매가와 전월세 가격이 안정화 추세를 보이는 등 시장 과열은 잠재웠다는 평을 얻고 있습니다. 반면에 수도권 외곽과 지방의 부동산 시장이 침체되어 양극화 현상을 가중시킨 측면도 있습니다. '강남을 때렸더니 지방이 쓰러졌다.'는 세간의 비아냥이 이러한 부동산 정책 부작용 문제를 단적으로 나타냅니다.

게다가 문재인 정부 초기에는 정책 효과가 크지 않아서 지난 1년간 분당의 매매가 상승률이 16.8%, 송파 16.3%, 강동 11.8%, 강남 11.6% 등 큰 폭으로 상승했습니다. 같은 기간 전국 아파트 매매가는 1.01% 올랐고요. 지방 아파트는 경남 거제시가 조선업 구조조정 여파로 14%나 하락하는 등 전반적으로 부진했습니다.(한국감정원 통계/ 리얼티뱅크부동산연구소, 2017.5.8~2018.4.30) 참고로 박근혜 정부에서는 지방이 3.88%가 오르고 수도권은 1.98% 상승하는 데 그쳤습니다.

그런데 요즘처럼 부동산 시장 분위기가 가라앉은 상황에서도 한 가지 주목해야 할 게 있습니다. 주식과 마찬가지로 시장 전체의 그래프는 꾸준히 우상향을 그린다는 점입니다. 물론 평균이고 길게 봤을 때의 이야기입니다. 적당한 지역의 적당한 부동산을 사두고 기다리면 자산 가치가 오르는 때는 적어도 지금은 아닙니다. 오히려 아파트 시세를 쳐다보기도 싫을 만큼 가격이 빠지거나 심하게는 5년, 10년 동안 마음고생을 할 수도 있습니다.

현재의 부동산 시장 환경은 금리 인상과 대출 규제, 일부 지역의 과잉 공급 문제 외에 정부 정책이 과거보다 더 촘촘하고 규제를 피하기 어려운 구조로 가고 있습니다. 금융 규제로 수요를 억제하고, 강력한 세금 정책으로 자본 이득 기대감을 낮췄습니다. 부동산 가격 하락 리스크를 감수하더라도 투자금의 자기자본 비율이 높아져서 레버리지 효과가 예전에 비하면 훨씬 떨어집니다. 다시 말해, 예전보다 투자 리스크가 크고 예전만큼 많이 벌리는 시장 상황이 아닙니다. 이런 때일수록 기본에 충실한 투자 자세가 필요합니다.

돈이 되는 아파트를 고르는 요령은 뒤에서 다시 설명할 텐데(235p 참고), 해당 지역의 랜드마크가 되는 아파트, 혹은 도심 접근성이 좋으면서도 새로이 시장의 주목을 받는 지역에 관심을 가질 필요가 있습니다. 이들 부동산은 가격이 오를 때는 많이 오르고 떨어질 때는 적게 떨어지는 특성이 있습니다. 시장이 불안해 일정 기간 조정이 이어지겠지만, 향후 분위기가 바뀌면 바로 가격이 튀어오를 가능성이 높습니다. 부동산 시장 침체기에는 임대 부동산처럼 시세와는 별개로 수익을 기대할 수 있고 그로써 세월을 버틸 수 있는 매물도 대안이 될 수 있으므로 이 또한 관심을 가져보기 바랍니다.

부동산不動産은 말 그대로 '움직이지 않는 재산'입니다. 사전적 의미로는 '토지 및 그 정착물'을 뜻합니다. 이 부동산의 특성 중 부증성不增性과 부동성不動性이라는 게 있습니다. 부동산학 개론의 기초 개념이지요. 부증성은 자본이나 노동을 투입한다고 물리적인 양을 임의로 늘릴 수 없다는 말입니다. 부동산은 공산품처럼 시장의 수요와 공급이 효율적으로 맞물려 돌아가지 않습니다. 공급은 어느 정도 한정돼 있고 주로 수요의 증감에 따라 가격이 움직입니다. 부동산의 희소가치는 이 부증성에 의해 생겨납니다.

그리고 부동성은 쉽게 말해 움직이지 않고 그 자리에 쭉 있다는 의미입니다. 그래서 부동산 투자에서 가장 중요한 것이 위치이고 접근성입니다. 부동성은 비이동성이라고도 하는데, 부동산이 국지적 시장을 형성하게 되고 초과 공급이나 초과 수요 문제가 생기는 것은 이 때문입니다. 나아가서 부동산의 내재 가치와도 관련이 있고요.

기본적으로 부동산은 부증성과 부동성, 여기에 사람들의 거주 욕구와 투자 욕구가 얽혀서 가격 흐름을 만들어냅니다. 쾌적한 환경과 교육 여건, 교통 편의성 등 좋은 곳에서 살고 싶어 하는 인간의 욕구가 어디로 향하는지에 따라 부동산의 미래 가치가 정해지는 것입니다. 투자 수익을 노리는 수요는 주로 이 미래 가치를 따라갑니다.

부동산은 같은 지역이라도 가격이 오르는 곳과 내리는 곳이 엇갈립니다. 같은 시기, 같은 지역에서도 사야 할 부동산이 있고 사지 말아야 할 부동산이 있습니다. 심지어 동일 지역의 같은 단지 아파트, 같은 동에 투자한 사람도 누구는 이익을 보고 누구는 손해를 봅니다. 당연히 손익률에도 차이가 나고요. 부동산은 그 자리에 그대로라도 그를 둘러

싼 다양한 환경, 즉 정부 정책, 금융 환경, 실수요자 증감, 투기 수요의 유입 등에 의해 가격이 오르내리는 것입니다.

그만큼 부동산 수익성에는 다양한 변수가 존재하는데, 돈이 되는 부동산에 투자하기 위해 가장 중요한 것은 시장의 큰 흐름을 읽는 능력입니다. 그리고 가장 기본적으로 살펴야 할 게 부동산의 내재 가치와 희소가치 그리고 미래 가치라고 할 수 있습니다.

나의 주식
전업투자 성공기

주식 , 아파트 투자
최OO 과장, 42세 | 순자산 14억원

서양 속담에 '원수에게 주식을 가르쳐주어라.'는 게 있습니다. 그만큼 주식 투자는 위험하고 망하기도 좋습니다. 실제 투자 데이터를 보더라도 '개미 필패' 현상은 거의 반복됩니다. 기관이나 외국인에 비해 부족한 정보, 낮은 전문성, 투자 원칙의 부재, 직장인이라면 빠른 대응이 어렵다는 점 등이 이유입니다.

물론 모든 개인 투자자가 다 그렇지는 않습니다. 단순히 용돈벌이 차원을 넘어 주식으로 부자의 기반을 다진 사람들도 얼마든지 있습니다. 직장인 투자자로서 가능성을 확인한 후에 아예 회사를 그만두고 전업 투자자로 나선 경우도 간혹 있고요. 그들은 주식 투자에서 예전 직장 연봉의 몇 배를 벌거나 합니다.

주식과 부동산, 이 두 가지만 놓고 보자면 제 주변에는 부동산으로 부자가 된 사람들이 훨씬 많기는 합니다. 직장인 부자는 더욱 그렇습니다. 주식과 펀드, 부동산에 두루 투자하는 직장인도 드물게 보이는데, 재테크 감각이나 자기 관리가 남다르다는 느낌을 받습니다. 부동산으로 기반을 다진 부자가 주식 같은 금융 투자로 더욱 큰 부자가 되는 것도 일반적인 수순에 속하고, 반대로 주식을 하다가 부동산으로 넘어온 사람들은 부동산 투자를 더 잘하는 것 같기도 합니다. 주식 투자의 특성상 눈에 보이는 호재에 민감하게 반응하는 습성이 부동산 투자에도 그대로 적용된 게 아닐까 싶습니다.

중요한 것은 너무 늦지 않은 나이에, 자신에게 맞는 투자 분야가 무엇인지를 알고 시장 흐름을 제대로 읽는 것입니다. 이쪽은 나와 맞지 않는구나, 를 깨닫기까지 몇 년이 걸릴 수도 있기 때문입니다. 앞에서 주식이 자신과는 맞지 않아서 부동산 투자로 방향을 정했다는 직장인 부자 사례를 몇몇 소개했습니다만, 당연히 그 역의 경우도 없지 않습니다. 특히 지금 이야기하는 직장인은 인생의 위기에서 주식 투자로 새로운 희망을 찾은 케이스입니다.

현재 전업 주식 투자자로 활동하는 최 과장은 여러 해 전에 회사를 그만두었습니다. 사무직으로 6년간 일하며 무던히 살았는데, 갑작스런 병마로 인해 회사를 그만두어야 했습니다. 자세히 말하기는 어렵습니다만, 한두 해의 병원 신세로 해결되지 않을 만큼 그는 중증 환자입니다. 그의 나이 불과 37살 때였습니다.

중병으로 직장 생활을 더 이상 못 할 지경에 이르자 마음은 몸 이상으로 힘들었습니다. 그래도 마냥 좌절만 하고 있을 수는 없었습니다. 최 과장은 그처럼 불우한 상황에서도 자신이 할 수 있는 최선의 길을 찾았습니다. 바로 주식 투자입니다.

그렇게 전업 투자를 한 지 5년 만에 그의 순자산은 4억 원 남짓에서 14억 원으로 불어났습니다. 몸이 아픈 와중에 생활비와 병원비를 벌었고 집도 샀습니다. 비록 부자라고 할 만큼은 아닐지 몰라도 그에게는 어느 부자보다 값진 자산입니다. 계속 일을 할 수 있고 앞날을 꿈꿀 수 있기 때문입니다.

투자금 천만 원이
4분의 1만 남기까지

최 과장이 주식 투자를 처음 시작한 것은 대학을 졸업한 직후였습니다. 2004년에 미국에서 공부할 기회가 생겼는데, 유학을 가면 성공하기 전에는 한국에 다시 돌아오지 않겠다는 호기로 주식 책을 몇 권 사들고 간 게 계기였습니다. 주식 투자로 돈을 벌어 외국에서 기반을 다질 생각이었던 것이지요. 미국에 가기 전에 서점의 투자 코너를 살폈더니 워렌 버핏의 책이 베스트셀러 1위였습니다. 이 책 외에 필립 피셔, 벤저민 그레이엄 등등 두툼한 투자 지침서 5권을 사서 가방에 넣었습니다.

미국에서 그는 낮에는 공부하고 밤에는 한국 내 주식 투자를 했습니다. 우리와 시차가 정반대였기에 가능한 생활이었습니다. 투자금 규모는 전에 모아둔 천만 원이었고요. 형 집에 얹혀살았던 덕분에 돈 나갈 일이 별로 없어서 주식 투자에 온전히 쓸 수 있었습니다.

한국에서 가져온 주식 책들을 설렁설렁 펼쳐보고 HTS를 매일 열어보는 것으로 투자 공부를 시작했습니다. 눈에 띄는 종목을 '관심종목'에 추가하고 매일같이 주가 움직임을 지켜보는 식이었습니다. 그의 표현을 따르자면 주식 호가 창에서 쉼 없이 바뀌는 틱(tick, 주식 호가 단위)이 마치 '유흥가의 화려한 불꽃'처럼 보였다고 합니다. 아마 이때부터 체질적으로 주식 투자가 잘 맞았는지도 모르겠습니다.

이렇게 2주 정도의 탐색기를 거친 다음에 난생처음 주식을 매수했습니다. 어떤 종목이었는지는 기억나지 않는다고 하는데, 100만원어치를 매수하였고 일주일 만에 5% 수익을 얻은 후 바로 매도하였습니다. 성공적인 주식 첫 거래였습니다.

일주일에 5% 수익이니까, 한 달이면 20~30%, 일 년이면 몇백 퍼센트의 수익도 가능할 것처럼 보였습니다. '주식이란 것도 별로 어려울 게 없네.', '냉철하게 판단해 매매하면 얼마든지 수익을 낼 수 있어.'라는 생각이 들었습니다. 유망한 종목을 사서 적당히 가격이 오를 때를 기다렸다가 매도하면 되는데, 왜 사람들이 주식 투자에서 큰 손해를 보는지 잘 이해되지 않았습니다. 물론 이런 일들은 상당수 주식 초보자들이 투자 초기에 한 번쯤 경험하는 현상입니다.

처음 한두 번의 단기 매매로 자신감을 얻은 최 과장은 하나둘 투자 종목을 늘려가며 가격 중심으로 매수, 매도를 이어 갔습니다. 종목 보유

기간이 늘어나기 시작한 것은 이때부터였습니다.

　손해를 보지 않으려니까, 가격이 빠져도 최소한 본전 자리를 기다리다 보니까 보유 기간이 차츰 늘어나는 것입니다. 본인의 의도와는 무관하게 장기 투자가 되거나, 주가가 너무 많이 빠져서 아예 물려버리는 종목도 하나둘 생겨났습니다. 단타 매매를 하더라도 손절매 같은 투자 원칙이 필요한데, 그는 buy and hold(매수 후 보유)가 기본 전략이고 나머지는 거의 주먹구구식이었습니다. 말이 좋아 투자지 실상은 본인의 감각과 마우스 클릭에 의지해 주식을 사고 판 셈이었지요. 어느새 보유한 10종목 대부분에서 손해를 보게 되었고, 애초의 천만 원은 600만 원으로 줄었습니다.

　그런데 이게 끝이 아니었습니다. 그는 손실 금액을 단번에 만회할 방법에 몰두하였고, 때마침 적당한 종목을 하나 찾았습니다. 어설프게 주식을 배우는 중에 인수합병 이슈가 있으면 주가가 크게 움직인다는 사실을 알고 있었는데, 당시에 삼익악기가 영창악기를 인수한다는 뉴스가 대대적으로 도는 것이었습니다. 수십 년 라이벌의 경쟁이 마침내 종지부를 찍는다는 식으로 말이지요.

　주가가 이미 웬만큼 올랐음에도 최 과장은 보유 종목을 모두 팔고 삼익악기 하나에 전부 몰았습니다. 아직은 주가가 천 원대로 싸다는 생각이 들었고, 초보의 눈에는 대박의 기운마저 느껴졌습니다. 투자를 하다 보면 이런 느낌을 받을 때가 이따금 있는데, 헛된 기대와 자신감에서 비롯되는 망상일 뿐이지요. 이후 삼익악기는 급등락을 반복하며 기대감을 더욱 키우기도 했습니다. 하지만 운명의 장난(이 또한 투자 초보자들이 한 번쯤 느끼는 상황입니다.)인지 영창악기와의 합병이 무산되면서 주가는 급속도로 무너졌습니다. 어깨에 사서 발목까지 떨어지는 것을 눈앞에 보면서도 어쩔 도리가 없었습니다. 삼익악기의 인수합병 무산은 국내 악기 시장의 독과점 위반이라는 공정위 판단에 따른 결과였는데, 합리적인 투자나 리스크 관리, 분산 투자에 대한 개념조차 없었으니 '몰빵의 비애'는 더욱 아팠습니다.

투자의 핵심은
좋은 종목을 싸게 사는 것

일 년도 안 되는 기간 동안 투자금 천만 원이 반의 반토막이 나서야 최 과장은 주식의 무서움, 공부의 중요성을 깨달았습니다. 그는 국내에서 구입한 책들을 다시 펼쳤습니다. 그제야 자신의 투자가 얼마나 어리석었는지를 새삼 알았습니다.

그는 주식 투자를 대하는 마인드부터 기본적인 종목 분석, 분산 투자 요령, 차트의 이해, 리스크 관리, 주식 시장의 숲과 나무를 모두 보는 법 등을 하나하나 깨쳐 나갔습니다. 그간의 투자 실패 경험이 있었기에 책의 가르침은 더욱 마음에 와닿았습니다.

이후 그의 투자는 차츰 달라졌습니다. 게다가 한국에 돌아와 금융 회사에 근무하게 된 최 과장은 주식 투자 노하우를 한층 업그레이드할 수 있었습니다. 무엇보다 주가 상승의 핵심 요소가 거래량이라는 데에서 차츰 회사의 질이라는 생각으로 바뀌었습니다. 다만, 단순히 질 좋은 회사 주식을 산다고 무조건 돈을 버는 것은 아니었습니다. 질 좋은 회사를 싸게 사야 했습니다. 그러자면 먼저 질 좋은 회사를 찾을 수 있어야 하고, 다음으로는 주식이 쌀 때를 알아보는 안목을 길러야 합니다. 이것이 투자금의 4분의 3을 잃고 이제까지 투자를 이어오면서 깨닫게 된 주식 투자 비결의 핵심입니다.

좋은 회사의 주식을 싸게 산다는 방침 아래 그는 좋은 회사에 대한 기준부터 다시 정했다고 말합니다. 우선 코스피와 코스닥을 구분하지 않았고 업종도 특별히 나누지 않았습니다. 투자 회사가 속한 업종에서 1등 회사를 선호하였고, 생산품 가격을 차츰 올릴 수 있는 기업과 직원 수가 늘어나는 회사인지도 살피게 되었습니다.

좋은 회사의 기준으로서 재무 상황도 꼭 확인하였습니다. 자본과 매출액, 영업이익과 순이익을 직접 확인하고 직전 분기 대비 변동률은 물론 다음 분기와 회계연도의 전망치 등을 체크하는 것입니다. 일반인들은 재무제표 분석을 대개 어렵다고 여깁니다. 하지만 사업의 수익성은 숫자로 드러나기 때문에 전자공시 시스템에 들어가서 꼭 확인해야 합니다. 최 과장은 그 숫자가 무엇을 의미하는지 그때그때 찾아보며 이해하려는 노력을 아끼지 않았습니다. 특별한 경우가 아닌 한 숫자는 거짓말을 하지 않기 때문입니다. 보통은 요약 재무제표를 참고하지만, 매출이나 순이익의 급등락 등 갑작스러운 변화가 있으면 반드시 내용을 확인하였고 투자 결정의 중요 요소로 삼았습니다. 이왕 공부하는 김에 회계 관련 자격증도 따서 전문성을 높였고요.

물론 전자공시를 통한 보고서를 100% 맹신하는 것은 금물입니다.

보고서는 과거의 결과일 뿐만 아니라 회사의 주관도 어느 정도 긍정적으로 들어가기 때문입니다. 악재라는 폭탄은 언제 어디서든 터질 수 있기도 하고요. 이 또한 큰 손실을 통해 배운 바입니다.

신용카드 결제서비스 사업을 하는 나이스정보통신에 투자하던 때였는데, 반기보고서를 살폈더니 거의 완벽에 가까울 만큼 우량한 회사로 보였습니다. 그래서 투자금의 꽤 많은 비중을 여기에 실었고 초기에는 꾸준히 우상향을 이어갔습니다. 그러다가 어느 날 갑자기 임원의 배임 행위가 발표되었고 그 즉시 주식 거래가 정지되었습니다. 이처럼 예측 불가능한 사건을 보고서로는 알 수 없습니다. 주식을 오래 하려면 주가 움직임은 누구도 알 수 없다는 마인드를 유념해야 합니다. 합리적인 예측과 만약의 경우에 대한 대응이 있을 뿐이지요.

좋은 종목을 싸게 사서 비싸게 팔기 위한 또 하나의 조건으로서 투자자의 객관적 태도를 들 수 있습니다. 눈에 뭐가 씌면, 꼭 뭐가 씌지 않더라도 내가 보유하고 있는 종목이 좋아 보이고 싸 보이는 법입니다. 투자의 객관성을 잃지 않으려면 왜 좋은 회사이고 싼 가격인지 그 증거를 일일이 확인하는 습관이 필요합니다. 주가는 언제가 됐든 그 증거가 증명되는 방향으로 수렴할 가능성이 높기 때문입니다.

그런데 좋은 회사인 것은 분명해 보이는데, 주가가 싼지 어떤지는 어떻게 알 수 있을까요? 주가 적정성은 대개 주가수익비율(PER, 현 주가를 주당순이익으로 나눈 값)로 많이 따집니다. PER가 높으면 고평가된 주식, 낮으면 저평가된 주식으로 보는데 주식은 미래 가치에 투자하는 것이므로 현재의 가치 지표인 PER는 어디까지나 참고사항일 뿐입니다. 이 외에도 주당순이익(EPS, 순이익 ÷ 발행주식수), 자기자본이익률(ROE), 순이익증 가율 등을 보조지표로 활용할 수 있고요.

또한 아무리 좋은 회사라도 주가가 거의 움직이지 않거나 10년에 10% 오르는 데 그친다면 성공한 투자일 리 없습니다. 주식 거래량은 주가의 등락과 함께 향후 움직임을 가늠하는 데도 참고가 되므로 거래량 추이도 꼭 확인해야 한다고 합니다.

그리고 이 같은 보조 지표보다 중요한 게 있습니다. 실제로 주가를 '환상적으로' 올리는 역할을 하는 것은 보조 지표로 드러나는 숫자가 아니라, 기업의 사업 내용이라는 점입니다. 어떤 사업을 하고 있는지와 그 사업의 성공 가능성, 그와 함께 해당 사업이 속해 있는 사업 군에 대한 전망이 주가에는 더욱 크게 작용한다는 입장입니다.(사업 군에 대한 분석 이 중요한 이유는 동종업계 내 경쟁자가 없으면 해당 시장이 초기나 말기로 받아들여져서 투자 를 선호하지 않기 때문입니다.)

투자 종목이 정해지면 다음은 현재 주가의 적정성을 고민할 차례입니다. 최 과장의 경우는 통상 1차 40%, 2차 40%, 3차 20% 정도로 분할 매수하고 있습니다. 5천만원을 투자한다고 하면 초기 2천만원부터 시작하는 것이지요. 어떤 경우에든 분할 매수는 필수입니다. 또한 한 번 매수하면 기회비용 측면에서 최장 3년까지 보유하는 게 원칙입니다. 십수 년간의 투자 경험으로 보건대 제대로 된 종목이라면 적어도 3년 내에는 강한 주가 상승을 보였기 때문입니다.

'좋은 종목을 싸게 사자.'는 투자 원칙으로 이제껏 큰 수익을 낸 종목은 한국타이어, 서흥, nice평가정보, 농심, 맥쿼리인프라, 진로발효,

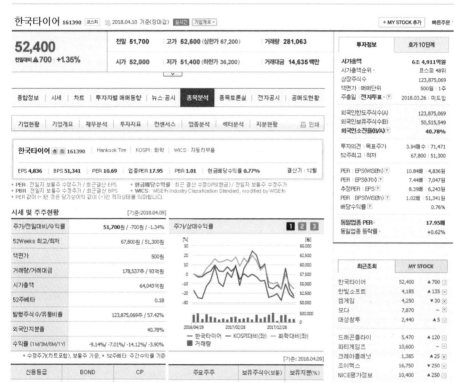

네이버의 국내증시 종목 화면. 지표에서 숫자의 의미를 읽을 수 있어야 한다. 다만, 숫자는 기업의 과거와 현재이므로 기업의 사업 내용과 그 전망에서 주가 흐름을 짚어내는 게 성공 투자자의 안목이다.

GS, 강원랜드, 한세실업 등입니다. 아마 누군가는 이들 종목에서 손해를 보았을지 모르고, 좋은 회사라는 데에 의견이 분분할 수도 있습니다. 굳이 좋은 회사가 아니더라도 수익을 못 내는 것 또한 아닙니다만, 요행을 바라야 하거나 작전 세력의 놀이터인 경우가 적지 않으므로 주의해야 합니다. 단기 악재나 시장 전체에 영향을 미치는 이벤트(북한이나 글로벌 이슈)가 있을 때는 대형주 위주의 단기 투자도 이따금 했는데, 생각만큼 수익은 크지 않았다고 합니다.

직장인 투자자로서 안정적인 수익을 노린다면 좋은 회사를 찾으려는 노력과 매수와 매도 타이밍이 크게 어긋나지 않는 안목 갖추기가 절대 필요합니다. 무엇보다 자기만의 투자 전략을 확립하고 지킬 수 있어야 합니다. 주식 투자는 일종의 사업과도 같습니다. 사업 방법이 자주 바뀌면 그에 대한 비용을 치러야 하지요? 내 투자금으로 대가를 치르지 않기 위해서라도 합리적인, 나만의 투자 전략을 세우려는 태도는 꼭 염두에 두어야 합니다.

현명한 투자자는 자산을 분산한다

최 과장은 주식 투자 외에 부동산이나 채권, 금처럼 다양한 분야에도 분산 투자하고 있습니다. 주식 투자에 더 무게를 두고 있지만, 각각의 자산은 고유 특성에 따라 가격 변동이 엇갈리는 측면이 있기 때문에 수익의 극대화를 노릴 수 있고, 리스크 관리도 되기 때문입니다. 부동산 투자도 그중 하나입니다.

부동산 투자의 가장 큰 장점은 대출을 통한 레버리지 효과가 뛰어나다는 점이라고 말합니다. 또한 시장 거래량이 다른 투자보다 상대적으로 적어 가격 왜곡이 적다는 것도 장점으로 여기고 있습니다. 그만큼 안전하다는 의미입니다. 그의 부동산 투자 요령으로는 먼저 투자 목적, 즉 임대 수익 목적인지, 시세 차익 목적인지를 분명하게 정합니다. 그리고 교통 편의성을 최우선으로 하는 원칙을 따르고자 유의합니다. 예를 들어 상업용 오피스는 상업 밀집지구에, 공장형 오피스는 IC 근처의 소형 매물을 선호합니다.

투자 비중은 현재 주식을 포함한 금융 자산이 7억원, 부동산 관련 자산도 7억원 정도입니다. 2004년에 천만 원으로 시작한 주식 투자는, 직장을 관둔 후에 1억원을 더 투입한 것을 감안하면 600% 정도 올랐고, 연평균 40% 내외의 수익률을 기록하고 있습니다. 부동산 투자 또한 최근 몇 년 간 30% 이상 올랐다고 하고요.

그가 주식 투자에 성공할 수 있었던 이유는 병마와 싸우고 투자 시행착오를 겪는 와중에도 투자에 대한 자기만의 답을 찾았기 때문으로 여겨집니다. 그는 직장 생활을 하는 것 이상으로 주식 분석에 공을 들였고, 자기 관리에도 철저했습니다. 특히 리스크에 대비해 안정적인 수익을 올리는 데에 집중했습니다. 주식 투자에서는 꾸준히 버는 게 한때의 대박을 이긴다는 믿음이 있었던 외에 자칫하면 삶의 모든 기반을 잃을 수도 있는, 주식 투자가 절대로 실패해서는 안 되는 그의 인생 투자였기 때문입니다.

하물며 성공 가능성이 더 낮은 직장인 투자자라면 더더욱 냉철하고 안전한 투자를 지향해야 합니다. 무엇보다 조급해하지 말아야 합니다. 일반인 투자자들은 -20% 손실에서는 버티지만 주가가 조금만 횡보해도 손쉽게 종목을 옮겨 타는 경향이 있습니다. 나름의 원칙과 투자 확신이 없기 때문인데, 투자에의 안목과 확신, 리스크에 대비하는 태도가 성공 투자의 핵심이라고 하겠습니다.

만약 이러한 모든 것들을 감당할 자신이 없다면 차라리 간접 투자에 맡기는 것도 하나의 방법입니다. 투자의 목적은 돈을 벌기 위해서지, 스스로의 능력과 운을 증명하는 수단이 아니기 때문입니다. 투자 목적과 투자 대상, 지역 별로 세분화된 펀드 투자도 가능하고, 공인된 자산 운용사나 증권사에 투자를 위탁할 수도 있습니다. 나의 성향을 파악해 내 길이 아니라면 가지 않는 것도 돈을 버는, 혹은 돈을 까먹지 않는 현명한 태도일 것입니다.

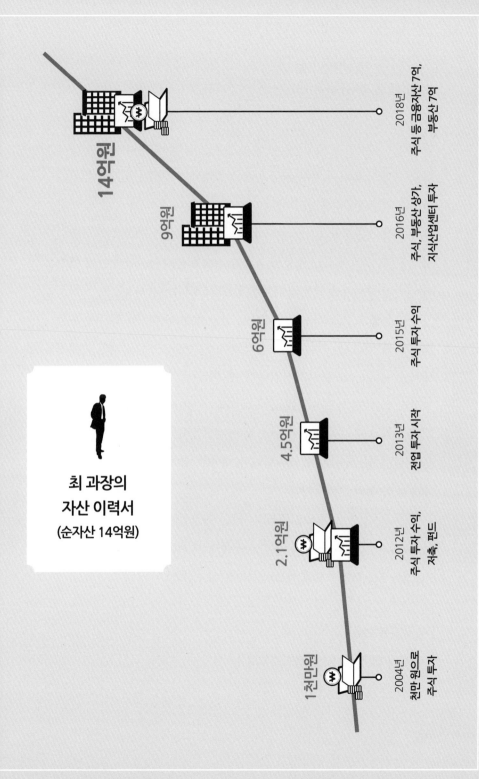

최 과장의
자산 이력서
(순자산 14억원)

14억원

2018년
주식 등 금융자산 7억,
부동산 7억

9억원

2016년
주식, 부동산 상가,
지식산업센터 투자

6억원

2015년
주식 투자 수익

4.5억원

2013년
전업 투자 시작

2.1억원

2012년
주식 투자 수익,
저축, 펀드

1천만원

2004년
천만 원으로
주식 투자

직장인이 꼭 알아야 할
주식 투자의 법칙

주식에 투자해 다년간 사고 팔고를 반복하는 직장인 중에 돈을 꽤 버는 경우는 열 중 하나 이하라고 생각합니다. 운이 좋아서 한두 번 투자에 성공하게 되더라도 이후의 투자가 무모해지기 일쑤니까 또 문제입니다. '100만 원이 아니라 천만 원, 1억을 투자했으면 좋았을걸!' 같은 아쉬움, '이번 투자로 30% 수익을 냈으니까 10% 수익 목표는 충분히 가능할 거야!' 같은 자신감에 투자 액수가 커지고 주식의 무서움은 이때부터 시작됩니다.

주식 투자를 잘하려면 절대 시장을 만만하게 봐서는 안 됩니다. 돈을 벌고자 혈안이 된 사람들이 모인 합법적 도박판에서 누군가의 손실이 내 수익이 되는 게 주식 시장입니다. 공부할 시간이 부족하고, 정보에서 뒤처지고, 회사 업무 때문에 곧바로 대응하기 어려운 직장인이라면 더더욱 주식을 두려워해야 합니다. 특히 투자금의 절반쯤을 수업료로 치를 생각이 없다면 데이트레이딩이나 테마주 매매, 단기 자금을 활용한 매매는 꼭 피하기 바랍니다.

"주식 잘하는 법 좀 알려주세요!"라는 직장인 지인들을 간혹 만납니다. 대개 투자금 몇 천만 원 이하로 한두 번의 성공이나 실패를 경험한 이들입니다. 주식 투자에 처음 입문하는 경우라면,

1. 여윳돈으로,

2. 투자 입문서 2~3권 정도 숙지하고,

158

3. 향후 성장 전망이 좋을 것 같은 종목을,

4. 일정 기간 동안 분할매수한다.

대략 이런 원칙 아래 실전 경험을 쌓으면 됩니다.

문제는 어느 정도 주식을 경험한 직장인 투자자의 경우입니다. 이들은 주식 시장의 속성이나 분석법, 매매법 등을 대충은 알고 있고 지난날의 투자 실패로 시장이 얼마나 무서운지도 잘 이해하고 있습니다. 하지만 그뿐입니다. 투자의 원칙을 알고는 있지만, 유사한 상황에서 비슷한 실수를 또 반복합니다. 자기 나름의 원칙이 없고 있더라도 그대로 지키지 못합니다. 알면서도 지키지 못하는 것, 투자 실패의 가장 큰 이유라고 할 수 있습니다. 아래는 일반인 투자자들이 간과하기 쉬운 주식 투자의 성공 법칙입니다.

첫째, 늘 좋은 주식도 늘 나쁜 주식도 없다.

좋은 회사의 주식이 좋은 게 아니라 투자자에게 수익을 안겨주는 주식이 좋은 주식입니다. 그래서 주식 투자는 타이밍의 예술이라고 합니다. 그처럼 들어갈 때와 나올 때를 아는 이가 큰 수익을 얻지만, 일반인 투자자는 냉철한 판단에 따른 매매가 아니라 불안한 마음에 휩쓸려 투자하기 쉽습니다.

내가 산 주식의 주가가 떨어질 때는 더 떨어질 것 같고 오를 때는 더 오를 것만 같습니다. 그래서 더 떨어질까봐 무서워 못 사고, 오를 때는 더 오를 것이 아까워 파는 시점을 놓치는 실수를 저지릅니다. 사람의 심리가 원래 그렇고, 대다수 투자자는 이를 극복하지 못합니다. 요컨대, 주식 투자는 심리의 산물입니다.

시장 참여자의 불안한 마음이 주가를 떨어뜨리는 것과는 반대로 해당 주식의 가격 매력은 올라갑니다. 주주들의 불안한 심리는 실적과는 아무 상관이 없으니까 주가수익비율, 즉 per만 낮아지는 것이지요. 이같은 사례는 숱하게 있습니다. 특히 기업 외적인 위기나 이유로 주가가 덩달아 떨어질 때는 주식을 싸게 살 수 있는 기회가 됩니다. 반대로 오른 주식을 팔 때도 마찬가지입니다. 팔고 난 다음에 더 오르면 어떡하지?, 라는 마음을 떨쳐낼 수 있어야 합니다.

해당 종목의 분석과 판단 기준, 나름의 확신은 그래서 꼭 필요합니다. 눈에 보이지 않는 두려움과 아까워하는 마음을 극복할 수단으로서 공부가 필요한 것입니다.

둘째, 고민의 대가가 투자 수익으로 돌아온다.

어느 주식에 얼마나 애정을 갖고 들여다보는지에 따라 보이는 게 달라집니다. 좋고 나쁜 회사라는 게 보일 것이고, 주식을 매입해야 할 타이밍이 보입니다. 마치 예술품이 아는 만큼 보이는 것과 같은 이치입니다. 그래서 재무제표나 사업계획서는 물론 각종 리포트, 필요하다면 기업 탐방까지 가서 내 눈으로 확인해야 합니다. 종목에 대한 공부가 깊어질수록 투자자의 심리 또한 흔들리지 않습니다.

그런데 기업의 사업성 전망이 좋고, 타이밍이 좋고, 고민을 거듭해 심리적으로 투자 확신을 가지게 되더라도 그와 더불어 확인해야 할 게 또 있습니다. 초보 투자자라면 더더욱 그렇습니다. 바로 시황(시장에서 주식이 거래되는 상황)과 업종의 흐름입니다. 시장이 상승세일 때가 초보 투자자에게는 훨씬 유리합니다. 시황 다음으로는 업종이 상승세인지를 확인해야 합니다. 똑같은 노력을 들여도 가게 입지에 따라 장사가 달라지듯이 상승세에 있는 업종 주식이 절대 유리한 고지에 있는 것입니다. 그러면 업종이 상승세라는 것은 어떻게 알 수 있을까요? 이를 위해 해당 업종의 지표와 지수를 꾸준히 관찰함으로써 경기 흐름을 읽는 감각을 지녀야 합니다.

이렇게까지 숲(시장)에 대한 고민이 깊어진 후에 해당 업종에서 가장 수익이 많이 나는 종목을 찾았다면 이제 다시 애정을 가지고 '나무'(개별종목)를 들여다보며 주가 전망, 투자 타이밍과 함께 투자할 것인지 말 것인지의 마지막 고민을 끝냅니다.

셋째, 겁쟁이가 오래 살아남는다.

돈에는 공짜가 없습니다. 육체적 정신적 노력이든, 운이든 반드시 대가를 치러야 합니다. 남들이 주식 투자로 쉽게 돈을 버는 것 같아도 실상은 정반대인 경우가 월등하게 많습니다. 노력이 부족하거나 방법이 잘못된 경우가 대부분인 가운데, 투자 운이 좋은 것은 어쩌다가 한 번이기 때문입니다. 그래서 더더욱 주식 투자를 두려워해야 하고, 그에 대한 대비를 하고 있어야 합니다.

주식 투자를 두려워하라는 말은 무분별한 투자를 하지 말고 조심하라는 차원 이상의 문제입니다. 투자 시스템 또한 '조심하는' 쪽으로 세

팅이 되어야 합니다. 그 대표적인 요령이 바로 여유 자금 투자와 분산 투자입니다. 기본적으로 주가가 어떻게 움직일지 모르니까, 혹은 나의 확신과는 다른 엉뚱한 방향으로 움직이니까 주식 투자가 무서운 법입니다. 이를 시스템적으로 회피해 손실을 최소화하는 투자 구조를 갖추는 게 중요합니다. 주식을 팔면 안 되는 시점에서 상당 기간 동안 안 팔수 있도록 해주는 게 여유 자금 투자고(급전 때문에 주식을 손절하는 경우는 의외로 많습니다.), 리스크를 분산해 만약의 경우에 손실 폭을 줄여주는 게 분산 투자입니다.

이 원칙들을 증명해주는 사례는 정말 많습니다. 최근에 바이오 업종의 상승세와 성장성을 바탕으로 삼성바이오로직스 주가가 60만원까지 갔다가 회계 문제로 35만원까지 급락하고, 일전에는 대우조선해양이 대규모 분식회계로 주식 거래가 정지되는 등등 투자자가 예측하기 어려운 문제로 주가가 아래로 처박는 경우는 비일비재합니다. 그러니까 두려울 수밖에요! 신용대출이나 주식 담보대출도 위험을 키워 수익성을 높이는 전략이므로 이 또한 마땅히 겁내야 합니다.

넷째, 기회를 보는 투자를 해야 한다.

주식 투자의 전문가와 아마추어의 가장 큰 차이는 기회를 볼 줄 아는가 여부입니다. 성공하는 주식 투자자는 주식 시장의 나무와 숲을 모두 살핍니다. 시장의 흐름과 현재 상황을 보고, 관심이 가는 종목의 분석을 철저하게 합니다. 그렇게 해서 이번이 기회라는 확신이 들면 투자금 규모와 타이밍을 고민해 바로 실행에 옮깁니다.

이를 위해 주식 전문가는 평소 여유 자금을 마련해둡니다. 기회가 아닌데도 한 푼이라도 더 벌겠다며 투자금을 모두 묶어두지 않습니다. 예컨대 1억원의 자금이 있으면 5천만원은 시장이 물속에 빠질 듯한 두려움에 가득차 있을 때를 대비해 남겨두고, 5천만원의 투자금만 운용합니다. 때를 기다리면 언제든 기회가 올 것을 알기 때문입니다. 그에 비해 초보 투자자는 기회를 보려는 노력을 하지 않습니다. 고수익에만 마음이 팔려 때가 아니고 기회가 아닌데도 돈을 묻습니다. 분석과 확신 없이 뛰어들었으므로 조금만 상황이 나빠져도 빠져나오거나, 손절의 기회마저 놓쳐버리곤 합니다.

주식 격언에 '공포에 사서 뉴스에 팔아라.'는 말이 있지요? 누군가에게 그 공포는 어서 도망가야 할 이유이고, 또 다른 누군가에는 기회가 됩니다. 주식 시장에서 기회를 볼 줄 알고 기다릴 줄 아는 투자자는 그 덕분에 늘 큰 수익을 얻습니다.

part 3

직장인 부자는
시작부터
남다르다

내가 부자가 되어야
하는 이유

앞에서 여러 부자 직장인들의 사례를 소개했습니다만, 이는 어디까지나 일부의 이야기입니다. 나름의 재테크와 투자로 성공한 사람들의 사례를 추렸을 뿐이지요. 우리 주위에는 돈을 모으는 데 별 관심이 없거나, 관심은 있어도 목표와 의지를 갖고 실천하지 않거나, 재테크 방법을 잘 모르거나, 안목이 부족해서 투자에 만족스럽지 못한 상황에 처한 직장인들이 훨씬 많습니다.

대다수 직장인들은 업무와 생활에 쫓기는 가운데 재테크에서 큰 성과를 거둘 여지가 사실 많지 않습니다. 이게 현실입니다. 기본적으로 벌이는 성에 차지 않고 돈 쓸 일은 참 많습니다. 어금니를 악물고 돈을 모을 만큼 성격이 모질지도 못합니다. 투자 밑천을 모으는 것도 생각처럼 쉽지 않고, 투자해서 성공한다는 보장 또한 없지요. 무엇보다 성공한 사람들처럼 나도 그렇게 될 수 있다는 생각이 잘 들지 않습니다. 당장의 내 처지를 돌아보면 그럴 수 있습니다. 직장 생활을 하며 벌어놓은 돈은 고만고만한데, 저축으로는 답이 보이지 않고 주식은 위험하고 부동산 투자는 기본이 몇 억씩 하니까요.

거의 맨손에서 시작해 부자가 된 사례를 몇몇 소개했듯이 방법이 전혀 없는 것은 아닙니다. 그 사람들 중에 날 때부터 부자였던 사람은 아무도 없습니다. 힘겨운 상황에서도 꾸준히 노력해 현재의 부를 이루었지요. 저는 그들이 부자가 된 핵심을 분명한 목표와 의지, 시장을 바로 보는 안목과 효율적인 방법이라고 이야기했습니다. 그러면 그에 따라 한 10년 정도 열심히 실천하기만 하면 될까요? 만약 그렇다고 대답하는 이가 있다면 그는 운이 아주 좋거나, 인생을 책으로만 배웠을 것 같습니다. 현실의 삶을 모른다는 뜻입니다.

인생에
목표가 있습니까?

'향후 10년 동안 순자산 10억을 모은다. 1차 목표로 3년 동안 1억을 모으고, 5년 후에는 반드시 내 집을 마련한다.' 이 같은 목표가 말처럼 쉽다면 얼마나 좋을까요. 내 급여 수준으로 보건대 실현 가능성이 꽤 있는 목표라도 현실에는 온갖 난관이 도사리고 있습니다. 예를 들어 월수령액이 400만원인 경우를 보겠습니다. 매달 270만원을 적금에 넣으면 1차 목표인 3년 만에 1억을 모을 수 있습니다. 지출을 어떻게든 130만원 내에서 해결하는 것이지요. 하지만 이러한 목표가 의지만 있다고 다 이루어지는 게 아닙니다. 이유는 크게 두 가지입니다. 불가피하게 큰돈을 쓸 일이 생기거나, 내 의지가 약해지는 경우입니다.

대다수 직장인들의 삶에서 월급이 오르는 속도는 생활 씀씀이가 커지는 속도에 의해 그 효과가 반감됩니다. 자녀가 생기면 더욱 그렇습니다. 결혼을 해서 양가를 챙겨야 하거나, 가족 중 누군가가 아프거나, 전세금이 묶여 있는 것도 모자라 2년마다 목돈을 얹어야 하는 등등 돈 들어갈 일은 끊이지 있습니다.

그래도 돈을 모아야겠다는 의지가 있으면 생활의 다른 부분에서 어떻게든 아껴 당초의 목표를 이룰 수 있을까요? 기본적으로 월급을 받아 목돈을 모으는 과정은 여간 고달픈 게 아닙니다. 그것을 의지로 극복하는 사람이 전혀 없는 것은 아니지만, 오랜 기간을 꾸준히 실천해야 하는 만큼 상당한 고역입니다. 결국 적금을 깨게 되거나, 스스로와 적당히 타협하거나, 당초의 목표를 몇 번이고 수정하거나 아예 없던 일이 돼버리기도 합니다.

그래서 꼭 필요한 게 하나 있습니다. 바로 인생의 목표입니다. 이건 재테크 이야기는 아니고, 제가 살다 보니 그런 생각이 들곤 했습니다. 목표가 없는 삶은 무기력할 수밖에 없습니다. 당장에 열심히 해야 할 이유가 없으니까, 똑같은 고달픔이라도 두 배 세 배 크게 느껴지고 내 자신을 속이기도 쉽습니다.

10년 후에는 40평대 아파트로 옮긴다든가, 교외에 단독주택을 지어 전원생활을 즐긴다든가, 상가 건물주가 되어 세 받는 즐거움을 누리며 살겠다든가, 아이들만큼은 본인이 원하는 삶을 살게 해주겠다든가 등등 다양한 목표가 가능할 것입니다. 자식 교육도 다 돈인 세상입니다. 하물며 부모가 부자면 자녀가 하루에 평균 2시간을 더 공부한다는 통계도 있습니다.(2시간 더 학원 공부를 시킨다는 뜻일지도 모르겠습니다.)

물론 목표가 목표만으로 끝나서는 안 되겠지요. 그 때문에라도 목표는 구체적이어야 하고, 너무 먼 미래의 이야기가 돼서도 안 됩니다. 무엇보다 인생의 목표는 어디에서 뚝 떨어지는 게 아닙니다. 내 스스로에게 묻고, 내 자신이 그 답을 찾아야 합니다.

부자의 길은
스스로 찾아야만 보인다

그래도 이렇게 벌어서 언제 부자가 돼?, 라고 생각할 사람이 적지 않을 것입니다. 제가 만난 사람들 중에도 드물지 않습니다. 월급은 거의 생활비와 대출금 갚기에 바쁘고, 투자는 돈 많은 사람들 이야기라거나 그렇게 해서 손실이 나면 어떻게 하냐고 되묻곤 합니다.

하지만 어떻게 할 수 없다고 생각하니까 '어떻게 해볼' 노력이 뒤따르지 않습니다. 제가 보기에도 씀씀이가 과하다 싶을 정도로 남들 하는 것 다 하고, 가계부를 통한 지출 통제나 소소한 재테크에도 별 관심이 없습니다. 적금 불입도 제대로 지키지 못해 자유입출금 통장에 돈을 쌓아두는 40대 직장인을 본 적도 있습니다. 그깟 이자가 얼마나 된다고, 라면서 말이지요. 지방의 한 공기업에서 비정규직으로 일하는 후배는 크게 어렵지 않게 정규직으로 전환될 기회가 있었는데 마다한 경우를 본 적도 있습니다. 절차 문제상 시험을 치러야 하는데, 이 나이 먹고 어떻게 다시 공부를 해?, 라는 게 이유였습니다.

지금의 나의 처지, 경제적 형편은 여태 그렇게 살아온 삶의 대가 혹은 어쩔 수 없는 이유로 중간 도착점이 다른 것에 불과합니다. 나보다 형편이 조금 더 나은 사람에 비해 나의 도착점은 얼마간 뒤에 있을 뿐입니다. 마찬가지로 나보다 더욱 뒤쪽에서 출발하는 사람도 있지만, '지금 걷지 않으면 나중에는 뛰어야 한다.'라는 누군가의 말처럼 꾸준히 노력하는 사람이 결국은 앞설 가능성이 높은 게 세상살이의 이치입니다. 그리고 진짜 중요한 것은 그 노력을 이끌어낼 스스로에게 하는 약속이자 동기부여입니다. 아직 승부는 끝나지 않았습니다.

부자의 길은 스스로 찾지 않으면 보이지 않습니다. 그 사람 주위에 아무리 부자들이 많고, 옆에서 일일이 방법을 일러줘도 그렇습니다. 내 스스로 목표를 세우고 관심을 가져야만 올해와 내년, 내후년에 가야 할 길 그리고 오늘 할 일이 눈에 들어옵니다. 부자를 향한 본인의 목표와 의지, 그것을 단단하게 해줄 구체적인 로드맵 없이는 '나중에 여유가 되면 해볼까?', 혹은 '내가 그걸 어떻게 해?'로 흐지부지해지고 마는 게 사람의 마음입니다.

'세상일은 다 때가 있다.'고들 하지요. 맞습니다. 하지만 이 말은 기다리고 있으면 기회가 온다는 게 아니라, 기회를 준비하며 그때를 기다려야 한다는 의미입니다. 부자의 기회를 만들기 위해 목표와 비전 갖기, 투자 공부 그리고 밑천이 필수인 것은 당연하고요. 책의 사례에서 알 수 있듯이 한두 번의 투자 기회만 잘 잡아도 충분히 부의 기반을 만들 수 있습니다. 인생에 세 번 있다는 기회는 알아서 찾아오는 게 아니라, 실은 내가 불러들이는 것입니다.

모든 것은
월급 통장에서 시작된다

부자 직장인들에게 자산을 모은 비결을 알려달라고 했을 때 그들이 흔히 빠뜨리는 사실이 하나 있습니다. 부자가 되기 위해 꼭 필요하고 가장 기본에 속하는 조건인데 말이지요. 바로 '본업에 충실하기'입니다. 직장인 벌이가 아무리 거기서 거기라고 해도 장점 또한 적지 않습니다. 월급쟁이에게는 예측 가능한 금액이 지정된 날짜에 꼬박꼬박 들어옵니다. 게다가 돈을 벌기 위해 내 돈을 쓸 필요가 없습니다. 투자와 그에 따른 손실이 제로라는 뜻입니다. 회사 돈을 벌어주는 데 쓴 돈이라면 밥값이든 교통비든 다 청구해서 받아낼 수 있고, 만약의 경우에 회사가 망해도 내가 함께 망할 일은 더더욱 없습니다.

본업에서 목돈이 모이고, 투자 밑천이 나옵니다. 안정적인 수입이야말로 경제적으로도 심적으로도 든든한 투자 자원이 된다는 사실을 잊지 않기 바랍니다. '이제 투자 수익이 웬만큼 나오니까 직장 관두고 투자에만 전념할까?'라는 생각이 위험한 것은 비단 돈 문제 때문만이 아닙니다. 일반인 투자자에게 비빌 언덕이 있고 없고는 투자의 안정성에도 큰 영향을 미칩니다.

직장인
통장 관리의 기본

저축의 시작은 돈 관리의 시작과 같습니다. 무릇 관리에는 요령이 필요한데, 그 가장 기본은 통장을 구분해 돈을 관리하기입니다. 흔히 통장 쪼개기라고 하지요. part 1에서 저축의 핵심 요령 2가지를 아래와 같이 소개했습니다.

1. 쓰고 남은 돈을 저축하는 게 아니라 저축하고 남은 돈을 쓴다.
2. 지출을 관리해 씀씀이를 줄인다.

1번의 강제저축을 실현하는 효과적인 수단으로서 돈을 쓰기에 앞서 저축할 돈을 먼저 떼어놓기 위해 통장을 나누는 것입니다. 지출 억제는 가계부, 현금흐름표를 작성하면 되고요. 이제껏 저축과 거리가 먼 생활을 이어왔다면 4가지 통장으로 구분하는 게 좋습니다. 수입 통장, 소비 통장, 저축 통장, 비상금 통장입니다.

수입 통장에는 급여를 포함한 모든 수입이 들어오도록 하고, 여기에서 보험료나 공과금 같은 고정비용을 지출합니다. 이체할 일이 많으니 수수료가 면제되는 조건의 자유입출금 통장으로 가입하면 됩니다.(급여 정도의 자금 입출금이면 이체 수수료는 거의 면제됩니다.)

소비 통장은 카드 결제액과 생활비를 포함한 모든 변동비용이 빠져 나가는 통장입니다. 저축할 돈을 빼놓은 다음 적당한 상한액을 정해 돈을 옮기고, 이 금액 범위 내에서 소비합니다.

저축 통장은 적금 통장 1~2개, 정기예금이나 주택 청약, 펀드 통장 등이 해당됩니다. 예적금은 6개월~1년까지의 단기, 1~3년 정도의 중기 자금을 복수로 가입하는 게 좋습니다. 잊을 만하면 만기의 기쁨이 돌아오고, 만약의 경우에 중도해지해야 할 때 일부 통장만 해지해 이자 손실을 최소화할 수 있기 때문입니다.

마지막으로 비상금 통장은 경조사나 예측하지 못한 지출에 대비합니다. 살면서 뭔 일이 있을지 모르니 서너 달치 생활비를 CMA 등에 예치해두는 것입니다. 이 통장은 보통 저수지 통장이라고도 부르는데, 돈

■ 통장 포트폴리오의 기본

가뭄이 심할 때 꺼내 쓰자는 의미인 듯합니다. 저수지 통장에 여윳돈이 있으면 저축을 더욱 적극적으로 하거나 여간해서는 적금을 깨지 않는 효과도 있습니다.

이렇게 수입, 소비, 저축, 비상금의 4가지로 통장을 나눴다면 저축 목표와 지출 규모를 가늠해서 자금을 배분합니다. 예를 들어 결혼 적령기 미혼이라면 저축 50%, 생활비 30%, 보험 10%, 비상금 10%가 이상적인 배분이라고 할 수 있습니다. 월 수령액 250만원 외벌이에 별도 주거 비용이 들지 않는다면 120만원쯤 저축하고 보험료는 25만원 이하로 책정하는 것입니다.

구분	월소득대비	권장치	금액
저축	40~50%	50%	120만원
생활비	30~40%	30%	80만원
보험	5~10%	10%	25만원
잉여자금	5~10%	10%	25만원

■ 수령액 250만원 직장인의 이상적인 지출

그 밖의 통장 관리 요령으로는 내가 움직이는 동선에 주거래 은행을 정해 꾸준히 거래하는 게 좋고, 웬만한 금융 거래는 인터넷뱅킹으로 거의 되므로 인터넷뱅킹 신청이 필수입니다.(적금과 예금뿐 아니라, 펀드와 외환 투자도 가능합니다.) 또한 이 모든 돈의 움직임은 가계부나 현금흐름표에 기록되어야 하고요.

통장 관리에서 중요한 또 하나는 바로 이자율입니다. 그런데 은행 금리와 수익률을 철저하게 따져야 함에도 불구하고, 종잣돈을 모으는 단계에서 사실 저축 이율은 그리 큰 문제가 아닙니다. 정확히 말하면, 저축 이율보다 더 중요한 게 있습니다. 바로 저축의 절대 금액 높이기입니다. 직장 초년생이나 자녀를 갖기 전, 본격적인 투자 이전의 단계에서는 더욱 그렇습니다. 단순히 생각해서 한 달에 100만원을 저축하는 이가 200만원 저축하는 이를 당하지 못하는 이치입니다. 예적금 수익률이 몇 퍼센트씩 차이가 나도 그렇습니다.

현금흐름표를 만들면
새는 돈이 보인다

돈 관리의 가장 기본은 들어오고 나가는 돈, 현재 내가 가진 돈을 자금 유형별로 정확히 알기입니다. 돈의 규모와 흐름을 정확히 알아야만 더 효율적인 방향으로 개선이 가능하기 때문입니다.

"월급이 통장을 스쳐만 지나가요. 남는 게 없어요."

"딱히 돈을 많이 쓰는 것도 아닌데, 돈이 모이지가 않아요."

이렇게 생각하는 사람들이 적지 않을 텐데, 애당초 이런 느낌의 이유는 벌이와는 별개로 내가 쓰는 돈을 수치로 확인하지 않아서입니다. 한 달에 한 번만이라도 지출 항목을 다 모아서 엑셀이나 노트에 적는다면 앞의 반응은 이렇게 바뀔 것입니다.

"무슨 돈을 이렇게 많이 썼지? 이러니까 남는 게 없지."

"이건 괜히 샀잖아. 싸지도 않은 게 방구석에서 자리만 차지하는데 말야. 아, 돈 아까워!"

가계부와 현금흐름표(캐시플로우)를 적는 이유는 돈의 흐름을 수치로 정확하게 아는 게 첫째 목적이고, 지출에 대한 반성이 두 번째 목적입니다. 후회가 되거나 더 줄일 여지가 있는 소비를 파악하고 줄여 저축 금액을 높이고자 하는 차원이지요.

앞에서 통장 관리의 기본은 4가지 통장으로 나누기라고 설명했지요? 수입 통장, 소비 통장, 저축 통장, 비상금 통장입니다. 가계부나 현금흐름표에서 드러난 지출의 문제점을 개선해 한 달에 한 번씩 이 4가지 통장에 반영하면 됩니다. 소비를 10만원 정도 더 줄일 수 있다거나 꼭 그래야 한다면 수입 통장에 월급이 들어온 당일에 소비 통장으로 갈 10만원을 저축 통장으로 옮기는 것입니다.

가계부 작성이 번거로울 수도 있지만, 스마트폰 앱이나 온라인 프로그램도 요즘은 흔합니다. 식구가 서너 명만 돼도 가계부 작성은 정말 큰 도움이 됩니다. 한 달 지출을 짐작만 하는 것과, 대충 맞춰 보는 것과, 하나하나 메모하는 것은 지출 관리는 물론 소비 마인드에도 영향을 미칩니다. 혼자 사는 1인 가구나 가계부 작성과는 도저히 거리가 먼 성격이라면 한 달에 한 번만이라도 현금흐름표를 작성하기 바랍니다. 최소한 월 단위로 지출 항목별 돈의 흐름을 파악하는 것이지요. 신용카드와 인터넷뱅킹 거래가 많을 것이므로 나중에라도 지출을 확인하는 데는 큰 어려움이 없습니다.

현금흐름표는 소득과 지출 부분을 분리하고, 항목별로 세분화하는 게 핵심입니다. 이것을 다시 어쩔 수 없이 돈을 써야 하는 고정 지출, 줄일 여지가 있는 돈은 소비 지출, 그리고 저축으로 구분하면 지출을 억제하는 데 유리합니다. '왜 이리 많이 썼어!', '왜 이것밖에 저축을 못 할까?'가 한눈에 들어오기 때문입니다. 지출 항목 옆에 퍼센티지를 적으면 더 효과적이고요.

오른쪽 페이지 예시에서 월수령액이 310만원이면 연봉은 4,300만원쯤 됩니다. 만약 혼자 살면서 이 정도 지출과 저축이라면 아직은 부자가 되고 싶은 생각이 크게 없어 보입니다. 저축이 60만원으로 월수입의 20%가 채 안 되니까요. 몇 년만 더 빨리 재테크를 시작했더라면 왼쪽 소득 항목에 급여소득 말고도 한두 줄의 기타 소득이 더 생겼을 테지요. 실제로 부자일수록 소득 항목이 몇 개씩은 됩니다. 임대 소득이나 이자 소득 등이 추가되는 것입니다.

예시의 김 대리가 만약 전세나 자가에 산다면 원룸 월세 60만원을 매달 추가 저축 60만원으로 돌릴 수도 있습니다. 소비 지출에서 본인 용돈과 기타 잡비, 이 두 항목만 더해도 72만원인데, 식비가 따로 책정된 것을 감안하면 이 또한 심했습니다. 소비 지출에서는 용도가 분명하게 드러나는 게 좋습니다. 용돈과 기타 잡비의 구체적인 쓰임새를 파악해 과연 쓸 만했는지를 되돌아보는 것이지요.

현금흐름표 작성은 돈을 모아야겠다는 의지의 첫 번째 실천과도 같습니다. 부자의 긴 여정은 현금흐름표에서 시작한다고도 할 수 있습니

김 대리의 현금흐름표(연봉 4,300만원)

2018년 5월 현금흐름표				
소득		**지출**		
급여소득 3,100,000	**고정지출**	원룸 월세	600,000	
		공과금	70,000	
		통신비	55,000	
		실손보험	30,000	
		소계	**755,000**	24%
	소비지출	식비/외식비	320,000	
		차량유지비	250,000	
		문화생활비	100,000	
		본인용돈	400,000	
		자기계발비	100,000	
		기타잡비	320,000	
		소계	**1,490,000**	48%
	저축	정기적금	500,000	
		주택청약	100,000	
		소계	**600,000**	19%
	가처분소득		**255,000**	8%
총계 3,100,000		총계	3,100,000	

다. 책에서 소개한 직장인 부자들은 다들 한두 번의 투자 성공으로 단기간에 급격한 자산 증가를 이루었지만, 누구 하나 저축의 힘겨운 과정을 거치지 않은 이가 없습니다. 참고로, 저축의 단계에서 현금흐름표가 필수라면 투자의 단계에서는 재무상태표를 꼭 작성해야 합니다. 기업의 대차대조표에 해당하는 재무상태표는 현재 나의 모든 자산과 부채 내역을 한 장에 정리하고, 순자산이 꾸준히 증가하고 있는지를 주기적으로 체크하면 됩니다.(재무상태표는 215p 참고)

돈이 모이는
월급 관리의 법칙

현금흐름표에서 항목별로 지출을 파악했으면 이제는 반성의 시간입니다. '이 돈을 꼭 써야 했을까?, 더 줄일 수는 없을까?'를 고민합니다. 앞의 김 대리의 경우라면 몇십 만 원의 여윳돈이 보일 텐데, 이 돈을 다음 월급부터 통장 나누기에 반영하면 됩니다. 소비 통장으로 가는 돈을 줄이는 대신에 저축 통장으로 가는 돈을 늘리는 것입니다.

사람의 마음은 단순해서 주머니(계좌)에 돈이 넘치면 쓰게 마련입니다. 반대로 당장 내 주머니에 돈이 없으면 안 쓰게 되지요. 돈에 꼬리표 붙이기, 즉 항목별로 관리해야 하는 이유입니다. 저축부터 먼저 한 다음에 소비를 생각해야 하고, 신용카드 한도를 낮추거나 잔고 범위 내에서 체크카드를 쓰는 것도 마찬가지 방법입니다.

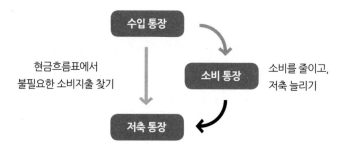

■ 소비 습관을 개선하는 요령

　결국 월급 통장에서 모든 게 시작됩니다. 목돈을 모으는 것도, 밑천을 모아 투자의 단계로 넘어가는 것도 모두 월급 통장 관리를 거쳐야 합니다. 효율적인 월급 관리를 위해 가계부 혹은 현금흐름표를 한 달에 한 번은 꼭 작성합니다. 그와 함께 재무상태표는 한 분기에 한 번, 재산이 좀 된다 싶으면 매달 작성해야 합니다. 자산 배분과 투자를 관리하는 데 필요하기 때문입니다. 현금흐름표와 재무상태표, 만약 내 돈이 아니라 회사 돈을 관리한다면 이 이상으로 꼼꼼하게 기록하고 체크할 테지요. 하물며 이것은 피 같은 내 돈입니다.

돈을 덜 쓰고
안 쓰게 되는 습관

　　　　　　　　　예전 같았으면 그냥 쓰고 말았을 돈을 꼬박꼬박 저축한다는 게 쉽지만은 않습니다. 통장을 나누고, 소비 통장으로 갈 돈을 무작정 줄여 저축 통장으로 보내기만 하면 소비 습관도 바로잡힐까요? 통장을 나누는 것만으로도 어느 정도 효과는 있습니다. 통장을 나눈다는 것은 돈을 모으기로 마음먹었다는 뜻이니까요. 그 의지와 함께 분명한 목표가 있다면 일단 출발은 좋습니다.

하지만 결심이란 게 목표를 세우고 마음을 먹었다고 실천이 쭉 이어지지는 않습니다. 운동이나 다이어트, 금연, 공부와 매한가지입니다. 작심삼일이 될 수도 있고 한두 달 해보다가 그만둔 경험 또한 다들 적지 않습니다. 저축도 그렇습니다. 돈을 써야 할 이유나 변명거리를 만들기는 참 쉽습니다. 이번 달까지 쓰고 다음 달부터 저축하자고 할 수도 있고, 술값이든 옷값이든 자존심 때문에 나와의 약속을 어길 수도 있습니다. 자기계발에 집중해 몸값을 올리는 게 낫지 않을까?, 100만원을 저축하기보다 연봉 천만 원이 오르면 그게 더 이득이잖아, 라는 논리에 애초의 결심이 흔들릴 수도 있습니다.

운동이나 다이어트, 금연처럼 저축도 자신과의 싸움이라고 했지요? 나만 모른 체하면 뭐라고 할 사람은 아무도 없습니다. 그래서 더 어렵습니다. 몸에 오래 밴 습관을 고치기 어렵듯이 절약과 저축 습관을 마음만 먹으면 뚝딱 생기는 것으로 가볍게 여겨서는 안 됩니다.

그러면 어떻게 해야 할까요? 저는 오래전에 담배를 끊었습니다만, 그때의 경험이 참고가 될지도 모르겠습니다. 처음 금연을 결심하는 사람들은 다들 의지가 결연합니다. 언제까지 피우고 죽어도 안 피우겠다, 담배마저 내 의지로 못 끊으면 인생에서 무슨 일을 해도 나는 성공할 수 없다, 라는 식으로 다짐합니다. 하지만 아무리 굳은 의지라도 거의가 며

칠, 몇 달을 못 갑니다. 당연합니다. 무릇 담배는 의지로 끊을 수 있는 게 아니기 때문입니다.

아주 드물게 의지만으로 끊는 사람도 있지만, 사실 그들은 끊은 게 아닙니다. 계속 참을 뿐입니다. 저 역시 의지로 담배를 끊으려는 시도를 수차례 실패한 끝에 어느 날 문득 깨달았습니다. 담배를 피워야 할 이유가 아무것도 없다는 것을 말입니다. 담배 맛, 마음의 위안, 이런 것들은 다 핑계에 불과했습니다. 담배를 끊어야 할 이유를 억지로 떠올리며 의지에 기대는 대신에 담배의 절대 무익함을 이해하자 차츰 담배가 쳐다보기도 싫어졌습니다.

다시 돈 이야기로 넘어가겠습니다. 무작정 절약하고 저축한다고 각오를 다질 게 아니라 스스로 납득할 수 있어야 합니다. 본인만의 기준을 세운다면 더욱 좋겠지요.

지금까지 들어본 중에 최고의 절약 노하우를 얼마 전에 접할 수 있었습니다. 삼십 대 중반의 여직원인데, 그녀는 지방에서 올라와 직장 생활 8년 만에 작은 아파트를 마련했습니다. 타지에서 주거비와 생활비를 자력으로 감당해왔으니까 절약과 저축, 재테크의 삼박자를 모두 갖췄다고 할 수 있습니다. 그녀는 이렇게 말했습니다.

"전 꼭 필요한 거만 사요. 이게 생각하기 나름이긴 한데, 제 기준은 좀 높은 거 같아요."

이런 기준 아래에서 웬만한 물건, 사치품은 거의 탈락입니다. 생활에 꼭 필요해서가 아니라 만족감, 허영을 줄 뿐인 물건들만 걸러내도 절약은 한결 수월하다고 합니다. 이처럼 자기만의 목표(내 집 마련)와 기준이 있으니까 돈도 관리가 됩니다. 돈을 모으려면 여하튼 통장 관리가 기본이고, 여기에 나만의 목표와 의지가 더해진다면 절약도 저축도 습관이 될 수 있지 않을까요?

■ 돈이 모이는 절대 법칙!

"쓰고 남은 돈을 저축하는 게 아니라,
저축하고 남은 돈을 쓴다!"

"돈을 모아야 하는 이유를 납득하고
자기만의 목표와 기준을 세운다."

여웃돈 천만 원을
어떻게 굴리면 좋을까?

재테크는 돈을 불리는 기술을 뜻합니다. 돈을 버는 것, 즉 make money의 개념이 아닙니다. 그런데 은행 금융 상품은 돈을 모으는 데는 적합해도 불리는 효과는 떨어집니다. 금리가 너무 낮기 때문이지요. 이런 상황에서 이자에도 이자가 붙는 복리의 마법은 허울만 좋을 뿐입니다. 더욱이 은행 적금 상품은 거의 단리 이율이고, 복리는 그만큼 이율이 낮습니다. 현실에서는 물가마저 '복리'로 오르고요.

우리 사회에 '부자 되세요!'라는 말이 덕담이 되며 재테크 열풍이 분 지 이십여 년이 지났습니다. 1997년 외환 위기를 경계로 그전까지는 저축으로 돈을 모아 하루 빨리 집을 마련하고 집 평수를 늘리는 게 재산을 불리는 보편적인 수순이었습니다. 적금 통장에 의지해 밑천을 모

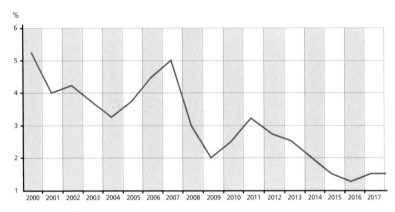

%

■ 한국은행 기준금리 변천사

은 후 땅이나 아파트에 돈을 묻는 게 가장 쉽고도 최선인 전략이었지요. 당시에는 은행 금리가 10%를 넘는 게 예사였고 경제 발전과 함께 자산 가치도 가파르게 올랐기 때문입니다. 경제성장률이 10% 전후였고, 물론 이때도 저축한 사람보다 땅 산 사람들이 더 부자가 되었습니다. 이후 경제 규모가 커지면서 성장률과 물가, 금리가 하향 안정되어 2018년 7월 현재 한국은행 기준금리는 1.5%이지요. 우리 역사상 거의 최저 금리 수준입니다. 재테크에서 기준금리가 중요한 이유는 이것이 돈의 몸값 기준이기 때문입니다.

　재테크를 좀 더 쉽게 생각해보겠습니다. 저축貯蓄은 단어 그대로 돈을 모으고 쌓는 것입니다. 매달 적금을 넣거나 목돈을 정기예금 등에 넣어두면 됩니다. 그에 비해 돈을 어떻게 하면 조금이라도 더 불릴지를 고민하는 게 재테크입니다. 아껴서 열심히 모으는 게 저축, 돈을 불려야겠다는 고민이 시작되면 재테크인 셈입니다.

내게 여윳돈 천만 원이 있습니다. 이 돈으로 재테크, 다시 말해 일정 기간 동안 가장 많이 불리려면 어떤 수단이 있을까요?

1. 수시입출금 통장에 넣기

딱히 고민 없이 1,000만원을 금리 1%의 수시입출금 통장에 넣어두면 1년 동안 10만원의 이자가 붙고, 세금 15,400원(15.4% 원천징수)을 떼면 84,600원의 돈이 불어납니다. 이자를 겨우 0.1%만 주는 은행도 있는데, 0.1% 이자라면 8,460원이므로 똑같은 보통예금(수시입출금) 통장이라도 '어느 은행이 이자를 더 많이 주나?' 잠깐 찾아서 1,000만원을 이체하는 수고만으로 1년에 대략 76,000원, 혹은 정기예금에 넣는다면 그 이상의 돈이 더 불어납니다.

수시입출금 통장은 입출금이 자유로운 만큼 금리는 연 0.1∼0.2%가 고작입니다. 은행 잔고에 따라 1% 정도까지 주는 데도 있지만, 급여 통장으로 사용하는 수시입출금 통장의 주목적은 자금의 효율적인 관리와 주거래 은행으로서 실적(신용) 쌓기입니다.

수입 통장과 소비 통장은 이체가 많은 만큼 각종 수수료 면제가 이자 이상으로 중요합니다. 따라서 수수료 혜택이 충분하지 않다면 월급 전체를 통째로 옮기는 것도 고려해야 합니다. 또한 월급 통장이 있는 은행을 주거래 은행으로 삼으면 훗날 대출, 마이너스 통장 개설, 저축에서 우대금리 혜택을 기대할 수 있습니다. 은행 입장에서 급여 이체 실적은 고객 평가에 큰 영향을 미치므로(금융 거래가 이 계좌에 집중될 가능성이 높기 때문입니다.), 나중을 위해서라도 월급을 매개로 어느 한 은행과 친해지는 게 좋습니다.

2. 정기예금 통장에 넣기

이번에는 1,000만원을 수시입출금 통장이 아닌 정기예금 통장에 넣어보겠습니다. 금융 상품 비교 페이지에서 정기예금 금리 조건을 검색하면 저축은행들이 거의 상위에 랭크되어 있습니다. 그중 페퍼 저축은행의 1년 정기예금은 2018년 5월 현재 세금을 떼고 233,000원쯤 됩니다.(이자율 2.72%) 수시입출금 통장 0.1% 이자율에 아무 생각 없이 넣었을 때보다 22만5천원이 더 많습니다.

최근에는 카카오뱅크와 케이뱅크 같은 인터넷 은행도 등장했지요? 하지만 은행 이용이 편리하고 해외 송금이 상대적으로 저렴하다는 점 외에 특판을 제외하면 실제 예금 금리와 대출 금리는 시중은행과 그다지 차이가 나지 않습니다.(카카오뱅크 1년 정기예금 금리는 2.2%, 일반 신용대출 금리는 3.81%/ 2018년 3월 기준)

정기예금은 목돈을 일정 기간 예치하는 방식이지요. 저축은행을 포함해 모든 은행은 5천만원까지 예금자 보호가 되므로 금리가 높고 세금이 적은 예금, 거래 편의성을 따져 가입하는 게 정석입니다. 저축은행은 시중은행에 비해 통상 정기예금 금리가 1%, 적금 금리가 2% 정도 더 높은 편입니다. 참고로 예적금의 절세 상품은 최근에 많이 줄었는데, 연금 저축이나 청약통장 등 상품에 따라 비과세나 연말정산 시 세액 공제, 소득 공제 혜택을 받을 수 있습니다. 예전의 생계형 저축(비과세)과

검색된 금융 상품은 총 76 건 입니다.

다운로드

페이지 별 리스트 : 20 ▼ 보기

비교 선택	금융회사 ▼	상품명 ▼	세전 이자율 ▼	세후 이자율 ▼	세후 이자(예시) ▼	최고 우대금리 ▼	가입 대상 ▼	이자계산방식 전체 ▼ 선택	상세정보
☐	케이뱅크은행	코드K 정기예금	2.40%	2.03%	203,040	2.40%	제한없음	단리	상세 ∨
☐	케이뱅크은행	주거래우대 정기예금	2.20%	1.86%	186,120	2.60%	제한없음	단리	상세 ∨
☐	한국카카오은행	카카오뱅크 정기예금	2.20%	1.86%	186,120	-	제한없음	단리	상세 ∨
☐	광주은행	쏠쏠한마이클예금	2.10%	1.78%	177,660	2.10%	제한없음	단리	상세 ∨
☐	전북은행	JB 다이렉트예금통장 (만기일시 지급식)	2.10%	1.78%	177,660	2.10%	제한없음	단리	상세 ∨
☐	제주은행	사이버우대정기예금(만기지급 식·플러스)	2.10%	1.78%	177,660	-	제한없음	단리	상세 ∨
☐	한국산업은행	KDB Hi 정기예금	2.05%	1.73%	173,430	2.05%	제한없음	단리	상세 ∨
☐	대구은행	특판Big찬스예금	2.01%	1.70%	170,050	2.21%	제한없음	단리	상세 ∨
☐	경남은행	스마트 정기예금	2.00%	1.69%	169,200	2.15%	제한없음	단리	상세 ∨
☐	경남은행	투유더정기예금	2.00%	1.69%	169,200	2.20%	제한없음	단리	상세 ∨
☐	경남은행	e-Money 정기예금	2.00%	1.69%	169,200	2.00%	제한없음	단리	상세 ∨

금융감독원의 금융상품 통합비교 공시 페이지(http://finlife.fss.or.kr) 전국 은행과 저축은행, 인 터넷 은행, 보험사 등의 예적금 금리와 대출 금리 조건을 검색, 비교할 수 있는데, 은행연합회에 서도 다양한 정보를 얻을 수 있다.

세금우대종합저축(9.5% 과세)은 2015년부터 5천만원 한도의 비과세종 합저축으로 통합되면서 연로자 기준이 만 65세 이상으로 높아졌습니 다.(직장인 절세 상품은 205쪽을 참고)

3. CMA(종합자산관리계좌)에 넣기

천만 원을 CMA에 넣을 수도 있습니다. 직장인들의 필수 재테크 통 장으로 여겨지는 CMA는 종합금융회사(종금사)와 증권사의 종합자산관리계좌cash management account를 말합니다. 예탁금을 어음이나 채권에 투자하여 수익을 내는 실적 배당 상품이지요. 수시입출금이 가능하고 하루를 맡겨도 이자를 주는데다가 종금사 CMA는 5천만원까지 원금도 보호됩니다.(증권사 CMA는 위험도가 낮기는 해도 예금자 보호 대상이 아닙니다.) 게다가 체크카드, 신용카드 결제, 공과금 납부, 포인트 적립 등도 가능하므로 여윳돈이나 비상금, 마땅히 넣어둘 데 없는 월급처럼 '한동안 놀고 있는' 돈 운용에 알맞습니다.

CMA의 이자율은 은행 수시입출금보다는 높고 일반 예적금보다는 낮은 편인데, 일례로 천만 원을 우리종합금융 CMA Note에 1년 동안 예치하면 1.45% 이자를 받을 수 있습니다.(2018년 3월 기준) 이는 세후 10,122,670원이 되어 12만원 정도 수익이 납니다.

최근에 저금리 기조 영향으로 RP형 CMA(확정금리)는 이자가 거의 1%대입니다.(우대금리를 적용받으면 3~4% 이자가 붙는 상품이 있기는 합니다.) 기본적으로 CMA는 수시입출금 통장과 경쟁 관계입니다. 양쪽의 장단점을 비교해 자금 운용 패턴에 맞게 활용하면 됩니다.

4. 펀드 투자

간접 투자의 꽃이라는 펀드는 중고위험 투자에 속합니다. 예적금이나 종금사 CMA가 5천만원까지 보호가 되는 데 비해 펀드는 수익과 손실 폭이 훨씬 크고, 상품 종류 또한 천차만별입니다. 크게는 국내주식형, 해외주식형, 채권형 펀드로 나뉘는데, 2017년 초에 국내 주식형 펀드에 천만 원을 넣고 평균 수익률을 기록했다면 1년 동안 200만원의

구분	펀드 상품	2017년
국내주식형	맥쿼리코리아국가대표 증권자투자신탁	36.01
	대신성장중소형주 증권자투자신탁	35.91
	마이다스책임투자 증권자투자신탁	34.48
해외주식형	미래에셋차이나그로스증권자투자신탁	69.84
	KTB중국1등주증권자투자신탁	69.60
	미래에셋차이나디스커버리 증권자투자신탁	67.65
채권혼합형 **(국내)**	KTB스마트시스템트레이딩증권투자신탁	12.20
	KTB배당플러스찬스증권자투자신탁	10.05
	신영마라톤40증권자투자신탁	9.38

국내주식형은 펀드 평가 1등급, 설정액 100억원 이상

■ **2017년도 펀드 유형별 수익률 베스트**

수익을 얻게 됩니다.(평균 수익률 20.66%) 물론 이만큼의 투자 손실이 날 수도 있고, 주식형 펀드보다 상대적으로 안전한 채권형과 혼합형 펀드는 수익과 손실률이 훨씬 낮습니다. 참고로 펀드는 투자금의 1~2% 정도가 수수료와 투자 보수로 나갑니다. 그리고 채권에 투자될 때는 수익에 대한 세금(15.4%)도 있습니다.

펀드는 책 한 권 분량의 설명이 따로 필요합니다만, 한 줄로 요약하자면 '주식 같은 직접 투자의 리스크를 줄이면서 고수익을 기대할 수 있는 간접 투자의 대표 수단'이라고 하겠습니다. 쉽게 말해 나보다 잘할 것 같은 전문가에게 위험 수위를 정해 투자를 맡기는 것이지요. 직접 투자에 대한 노하우가 부족하거나 회사일로 바쁜 직장인에게 유용

한 투자 수단이지만, 전문가라고 돈을 까먹지 않는다는 법은 없습니다. 그들도 시장 상황이 나쁘면 답이 없습니다.

펀드는 적립식과 뭉칫돈을 넣는 거치식이 있는데, 직장인이 꼭 유념해야 할 한 가지를 들자면 '분산 투자'입니다. 주식이나 채권 같은 투자 대상, 투자 지역, 투자 시기를 분산하는 것입니다. 이중 투자 지역과 시기를 분산해 매달 적립식으로 투자하는 것이 그나마 안전하다고 할 수 있습니다.(평균 매입 단가를 낮추는 코스트 애버리징 효과) 펀드 가입은 증권사와 은행, 보험사에서도 가능합니다.

5. 주식 직접 투자

펀드 같은 간접 투자가 아니라 주식에 직접 투자하면 어떨까요? 2017년 개인의 코스피 상위 10종목 평균 수익률은 19%입니다. 그에 비해 외국인은 50.6%, 기관은 45% 수익률을 기록했습니다. 물론 이는 평균치이고, 2016년에 시장이 크게 불안했던 데 비해 2017년에는 코스피가 사상 최고치를 기록하는 등 대형주 중심으로 장이 좋았던 측면이 있습니다. 여하튼 2017년 초에 천만 원을 이들 주식에 투자해 남들만큼의 수익을 냈다면 연말에 190만원가량 수익이 납니다.(참고로 증권거래세는 0.3%로 손실이 나도 주식을 매도하는 시점에 원천징수됩니다.)

웬만큼 주식을 공부하고 조심하면 나도 평균 수익률이나 하다 못해 은행 이자율보다는 수익을 낼 수 있지 않을까, 라는 생각이 들지도 모르겠습니다. 하지만 애당초 주식에서 연 10~20% 정도로 합리적인 수익률 목표를 잡는 것조차 쉽지 않습니다. 실제로 개인들 중에는 한 달에 20~30% 수익을 기대하며 투자하는 사람들도 적지 않습니다. 주식 투자로 그만한 수익을 내려면 그만한 손실도 각오해야 하는데, 일반 직장인이라면 손실 쪽이 월등히 많습니다. 주식이 합법적인 도박으로 불리는 이유입니다.

2017년 코스피 주가상승률 베스트

순위	종목	업종	주가상승률
1	코스모화학	화학	548%
2	나라케이아이씨	기계	396%
3	삼화콘덴서	전기제품	302%
4	삼화전기	전기제품	228%
5	코스모신소재	화학	199%

2017년 코스닥 주가상승률 베스트

순위	종목	업종	주가상승률
1	신라젠	바이오	606%
2	비덴트	전자장비	531%
3	우리기술투자	창업투자	408%
4	네이처셀	음식료	395%
5	미래컴퍼니	디시플레이장비	361%

2017년에는 바이오, 2차전지, 가상화폐 관련 종목이 두각을 드러냈는데, 날아오르는 주식이 있으면 땅 밑으로 꺼지는 주식도 분명 있다. (액면분할, 감자, 17년 상장 종목 제외)

6. 크라우드펀딩과 부동산 펀드

최근에는 크라우드펀딩이나 부동산 펀드도 새롭게 뜨고 있습니다. 크라우드펀딩은 대중crowd으로부터 자금을 조달funding받는다는 의미로 소셜 펀딩이라고도 합니다. 크게 대출형, 투자형(주식형), 후원형, 기부형으로 나뉘는데, 대출형은 개인과 개인 사이에 이루어지는 P2P 금융의 일종이고, 투자형은 주로 스타트업 기업들이 은행을 통하지 않고도 손쉽게 자금을 모으고 투자자는 투자 지분에 따른 수익을 얻게 됩니다. 일반 투자자는 한 기업에 500만원, 연간 1,000만원까지 한도가 있고 (전액 소득공제 가능) 6개월 동안 지분 전매가 제한됩니다.

크라우드펀딩 거래는 중개 플랫폼에서 이루어집니다. 미국에서는 킥스타터, 인디고고 등이 유명하고 국내는 와디즈www.wadiz.kr, 텀블벅 tumblbug.com이 대표적입니다.

주식형 크라우드펀딩은 국내에서는 아직 활성화 초입 단계라서 수익률에 대한 데이터가 충분하지 않습니다만, 은행 이자율을 훨씬 웃도는 수익을 기대할 수 있는 만큼 눈여겨볼 가치는 충분히 있습니다. 다만 예금자 보호법에 따라 보호되지 않고 원금 손실이 발생할 수 있는 고위험 상품이라는 점, 흔하지는 않지만 크라우드펀딩 사기 또한 있다는 사실은 유념할 필요가 있습니다.

천만 원으로 부동산에 투자할 수도 있습니다. 가장 무난한 방법은 부동산 펀드나 리츠(REITs ; real-estate investment trust, 부동산투자신탁)에 투자하는 것인데, 일종의 부동산 간접 투자입니다.

크라우드펀딩 플랫폼 와디즈www.wadiz.kr에서 투자가 진행중인 사업 아이템들. 사업의 성장성 과 기업 건전성을 평가해 투자를 결정하면 된다.

부동산 펀드와 리츠는 다수의 투자자에게서 모은 돈(최소 1,000만원)으로 부동산 개발, 대출, 임대 사업 등에 투자하게 되는데, 적은 금액으로 고가의 부동산에 투자해 수익을 내고 전문가에게 맡긴다는 점, 세금이 적다는 게 장점입니다. 한편으로는 운용 기간이 2~3년이고 중도환매가 안 되는 폐쇄형이라서 반드시 여유 자금으로 투자해야 합니다.(공모형 부동산 펀드는 증권시장에 상장되지만 거래는 거의 없는 편입니다.) 또한 부동산 시장과 연계되는 상품이므로 시세가 떨어지거나 임대형 건물에 공실이 많거나 하면 실익이 낮거나 마이너스일 수 있습니다. 청산 시점에 부동산이 매각되지 않으면 그만큼 자금 회수가 늦어질 위험도 있고요. 꼭 부동산 펀드가 아니더라도 주식이든 일반 부동산 투자든 투자는 한 번 돈이 묶이면 쉽사리 빼기 어려운 측면이 있습니다. 투자에 신중해야 하고 여유 자금이어야 하는 이유입니다.

최근 전체 부동산 펀드의 연평균 수익률은 5% 정도인데, 상품마다 편차가 커서 큰 의미는 없다고 하겠습니다. 기본적으로는 중위험 중수익 상품으로 보는 게 타당합니다.

직장인이 꼭 알아야 할
통장들

통장 나누기의 기본이 되는 4가지 통장은 돈을 목적별로 나눈 것입니다. 수입과 소비, 저축, 비상금 통장이지요. 그런데 재테크 수단이 되는 실제 통장은 훨씬 다양합니다. 저축만 하더라도 수시입출금 통장, 적금 통장, 정기예금, 청약통장, 그리고 단기 자금을 넣어두기 좋은 CMA 등이 있습니다. 금융 투자를 위해서는 펀드, 주식 계좌도 필요합니다. 다만 이들 통장의 상당수는 하나의 통장에서 계좌만 달리 해 자금을 예치할 수 있습니다. 정기예금이나 적금, 펀드, 청약통장 등을 인터넷 뱅킹 계좌 하나로 관리해 자금 배분의 효율성을 높이는 것입니다.

통장도 일종의 상품입니다. 끊임없이 신상품이 쏟아져 나오고 특판이라며 이런저런 혜택을 얹어 주기도 합니다. 착한 아이에게 칭찬 스티커를 통해 이자를 더 주는 예금(IBK I-미래통장), 고객 수익률에 수수료를 연동시킨 '동고동락신탁'(신한은행)처럼 색다른 상품도 있고, 상품인 만큼 대출 이자를 놓고 은행과 흥정도 가능합니다.(신탁은 은행이나 증권사에서 자산을 관리해주는 상품입니다.)

금융에서 좋은 상품이란 무엇보다 내 금융 소비 목적에 맞아야 하고, 그다음이 수익률입니다. 이자를 많이 준다고 능사는 아니라는 것이지요. 〈여윳돈 천만 원을 어떻게 굴리면 좋을까?〉에서 설명한 수시입출금, 정기예금, CMA 같은 저축성 통장 외에 적금 통장이나 청약통장, 개인종합자산관리계좌ISA처럼 금융 이용 목적이 분명한 통장들이 있습니다. 여기서는 그것들에 대해 알아보겠습니다.

1. 적금 통장

월급쟁이 생활의 시작과 함께하는 적금은 웬만해서는 깰 생각을 안하게 되지요? 적금은 일정 금액을, 오랫동안 꾸준히 넣어야 하기 때문에 소비 생활에 적지 않은 지장을 초래합니다. 역으로 보자면, 그래서 돈이 모입니다. 적금으로 모은 돈을 정기예금에 예치하기는 목돈 마련 저축의 기본이기도 합니다.

적금은 현재 연이율 2% 선에서 형성되어 있는데, 마지막 불입액은 한 달치 이자만 받고 세금마저 15.4%를 떼기 때문에 사실 손에 쥐는 이자는 내 바람의 절반 정도밖에 안 됩니다. 그럼에도 세상 모든 재테크 책이나 어른들이 적금을 권하는 것은 적금이 '돈을 쌓는' 가장 효율적인 수단이기 때문입니다.

적금은 정기적립 적금과 자유납입 적금으로 나뉘며, 이중 정기 적금은 단기와 중기의 복수 계좌로 납입하는 게 좋습니다. 일부 여윳돈은 자유납입식으로 가입하고요. 갑작스러운 자금 수요에 대비하고, 자유납입식은 돈이 생길 때마다 수시로 넣기 위해서입니다.

적금은 그렇지 않아도 만족스럽지 못한 이자인데, 도중에 해지하면 이자가 거의 제로에 가깝습니다. 만약 급하게 목돈이 필요한 경우라면 적금 해지와 적금 담보 대출의 손익을 비교해 대출을 활용할 수도 있습니다. 불가피하게 납입이 미뤄지면 그만큼 적금 만기가 늦춰지므로 굳이 서둘러 해지할 필요도 없고요.

2. 청약통장(주택청약종합저축)

청약통장은 1인당 1계좌만 가능하고 인터넷 뱅킹으로 가입할 수 있습니다. 로또 청약이라는 말이 있을 만큼 아파트 청약 당첨만으로도 돈이 되는 경우가 흔하지만, 2017년 8.2 부동산 대책 이후에는 청약 조건이 까다로워지고 당첨 경쟁도 치열해졌습니다. 당첨되면 2~4억원의 시세 차익을 얻는 일이 간혹 있으므로, 꾸준히 관심을 갖고 청약 가점 관리에도 주의를 기울일 필요가 있습니다.

서울 전 지역이 해당하는 투기과열지구나 청약조정대상지역의 국민주택은 청약통장 가입 기간이 1년에서 2년으로 늘었고 납입 횟수도

아파트투유 홈페이지 www.apt2you.com. 아파트 청약 관련 정보 및 청약 가점 계산기를 활용할 수 있다.

24회 이상이어야 1순위 자격이 주어집니다.(민영 주택은 청약통장 가입 기간 외에 지역별 예치금 조건도 있습니다. 서울과 부산의 전용 85m² 이하는 입주자 모집 공고일 전에 300만원 이상 예치) 투기과열지구의 85m² 이하는 추첨제 없이 100% 가점제로 바뀌었고, 1주택 소유자의 청약도 제한됩니다. 한 번 당첨되면 5년간 제한되는 것은 예전과 똑같고요.

청약 가점은 84점 만점으로 부양가족 35점, 만 30세부터의 무주택 기간 32점, 청약통장 가입 기간 17점 순인데, 2017년 서울의 청약 당첨 평균 가점은 51점입니다. 청약 관련 정보는 '아파트 투유'에 가점 계산기를 비롯해 잘 정리되어 있으므로 참고하면 됩니다. 예를 들어 만 41세로 내 집이 없고 부양가족이 3명, 2010년 1월에 청약통장을 가입한 경우라면 청약 가점은 아래와 같습니다.

- **무주택기간** : 11년~12년 미만 (24점)
- **부양가족 수**(본인 제외) : **3명** (20점)　　**합계 54점**
- **청약통장 가입기간** : 8년~9년 (10점)

최근에는 상당히 유리한 조건의 신혼희망타운(순자산 2.5억원 이하) 외에, 신혼부부 특별공급도 늘어나는 추세입니다. 1순위 조건은 결혼한 지 7년 이내의 유자녀 가구인데, 자녀 수가 많을수록 당첨 가능성이 높게끔 개편되었습니다. 사실 자녀가 많으면 일반 청약이나 임대주택 당첨도 훨씬 유리합니다. 주택 청약은 집 장만 때문이 아니더라도 은행보다 높은 이율, 연말 소득공제 혜택이 있으므로 일단 들어두는 게 좋습니다.

3. 개인종합자산관리계좌(ISA)

ISA는 Individual Savings Account의 약자로, 한 계좌에서 펀드와 파생결합증권, 예적금 등을 다양하게 운용해 얻은 순이익에 세제 혜택을 주는 상품입니다.(ISA는 2018년 말에 일몰 예정이나, 연장을 검토 중) 2016년에 국민 부자 만들기 프로젝트로 탄생해 한때는 만능 재테크 통장으로 불리기도 했습니다. 하나의 계좌에서 여러 상품에 직접 투자하거나(신탁형), 혹은 금융사에 맡겨서 투자(일임형)할 수 있고 수익이 나면 400만원까지는 비과세(근로소득 5,000만원 이하)해주기 때문입니다. 가입 금액은 1년에 2천만원, 5년 동안 최고 1억원까지 가능한데, 3~5년의 의무 납입기간이 있습니다.(청년과 총급여 5천만원 이하 소득자는 3년) 전에는 긴 의무가입 기간과 낮은 수익률 등으로 비교적 외면받아 왔는데, 2018년부터는 납입 원금 내에서 중도인출이 가능해지고 일임형의 3개월 평균 수익률이 10%를 웃돌면서 다시 주목을 받고 있습니다.

ISA는 적금처럼 오래 돈을 묶어놔야 세제 혜택을 극대화할 수 있고 금융 시장의 단기 등락 영향이 크므로 3~5년간 자금 여력이 있는 직장인에게 적합한 상품이라고 할 수 있습니다.

4. 보험 통장

보험은 질병 같은 만약의 경우와 은퇴 후를 대비해 나이에 맞게 가입하는 게 일단은 기본입니다. 결혼 전이라면 보장 범위가 실비 수준으로 한정되어 보험료가 저렴한 실손보험, 이후 부양가족이 생기면 종신보험, 저축성 보험을 중심으로 선택하면 됩니다.

보장성 보험은 가족 합산으로도 소득의 10%를 넘기지 말아야 하는데, 만약 이 금액 이상이라면 걱정이 너무 많은 삶을 살고 있지는 않은지 돌아보는 게 좋을 것 같습니다.

저축성 보험은 세액공제가 되는 연금저축보험(400만원 한도로 소득에 따라 13.2~16.5% 세액 공제)과 이자 소득이 비과세되는 일반 연금보험이 있으니 참고하기 바랍니다. 이들 보험 상품은 5~10년 동안 유지해야 혜택을 받을 수 있습니다. 장기간 유지를 전제로 설계되었기 때문에 중도해지가 빠를수록 수익도 적습니다. 보장 범위와 보험료 부담, 내 형편을 따져서 오래 유지할 자신이 있을 때 가입해야 합니다.

보험도 은행권에서 가입할 수 있지만, 보험사 상품이 더욱 다양하고 활용도도 낫습니다. 당연하지요. 그게 그들의 밥벌이이기 때문입니다. 간혹 보장성 보험으로 나가는 돈을 아까워하는 경우가 있는데, 적어도 부양가족이 있다면 바람직하지 않습니다. 누군가는 꼭 아프거나 사고를 당하게 마련이고, 그 불운의 확률을 합리적으로 반영한 게 직장인 수입의 10% 정도입니다.

5. 인터넷 전문은행 통장

2017년에 인터넷 전문은행인 케이뱅크와 카카오뱅크가 출범했는데, 당장에 여기 통장이 있어야 하는 것은 아닙니다. 그래도 몇 가지 장점이 있으니 알아두는 게 좋겠지요. 인터넷 전문은행은 온라인을 기반으로 하는 저비용 구조라서 시중은행보다 예금과 대출 금리가 유리한 편이고, 향후 더욱 매력적인 상품이 나올 가능성이 높습니다. 통장 개설

입출금통장   연 0.10%
세이프박스 연 1.20%

정기예금   연 2.20%
12개월 기준

자유적금   (최고) 연 2.20%
12개월 기준

카카오뱅크의 추천 화면. 예적금과 이체, 대출 등을 모바일로 편리하게 이용할 수 있다. 카카오 체크카드는 교통 카드와 해외 사용이 가능하고 출금 수수료 무료, 캐시백 계좌 입금, 카카오톡 이모티콘 증정 등의 혜택이 있다.

이 간편하고 퀵 송금, 해외 송금 수수료 인하, 일정 자금을 예치하면 음악 서비스 무료 등등 혜택도 차츰 다양해지고 있고요. 다만 현재는 시중은행 금리와 큰 차이가 없고 입출금이 가능한 ATM 수가 절대적으로 적다는 게 단점입니다. 아직은 부동산 담보대출이 안 되고요. 인터넷 전문은행 또한 일반 은행과 마찬가지로 예적금은 5,000만원까지 보호되고, 케이뱅크에서는 보험도 판매하고 있습니다.

'재테크의 시작은 통장 쪼개기'라는 말이 있습니다. 통장 쪼개기는 돈을 한두 가지 금융 상품에 몰아넣는 게 아니라, 자금의 목적과 투자 방향에 따라 합리적으로 배분하는 것을 뜻합니다. 그것이 바로 나의 '자산 포트폴리오'입니다. 자산을 어떻게 나누어 담는지에 따라 이후의 재테크 성과는 크게 달라집니다. 그 대표적인 통장들을 다시 정리하면 아래와 같습니다.

- **수입 통장** : 수시입출금 통장
- **소비 통장** : 수시입출금 통장
- **비상금 통장** : CMA(종합자산관리계좌), 인터넷 은행 통장
- **저축 통장** : 적금 통장 1, 적금 통장 2, 적금 통장 3……

    정기예금 통장

    청약통장 / 보험 통장
- **투자 통장** : 펀드 통장 / 개인종합자산관리계좌(ISA)

앞에서 직장인 재테크에 도움이 되는 통장들을 다양하게 소개했습니다만, 이들 통장으로 포트폴리오를 구성할 때 또 한 가지 고려해야 할 게 있습니다. 바로 절세입니다. 직장인은 세금이 공제된 상태로 급여를 받기 때문에 세금에 민감하지 못해 절세 혜택을 놓치는 경우가 많습니다. 따라서 금융 상품에 가입할 때는 비과세, 세액공제, 소득공제 등을 따져보고, 연말정산 때에도 챙길 것은 다 챙기는 노력이 필요합니다. 참고로 금융소득 종합과세 기준이 현재는 2,000만원입니다만, 이 금액을 초과해 금융 소득이 발생한다면(주가연계증권이나 해외펀드 수익 등) 절세가 가능한 상품으로 포트폴리오를 일부 재구성할 필요도 있습니다. 절세가 가능한 상품은 대체로 오른쪽과 같습니다.

구분	과세여부	비고
ISA	비과세	400만원 수익까지 비과세
연금저축	세액공제	400만원 한도 13.2% 세액공제
개인형퇴직연금(IRP)	세액공제	연금저축 포함 700만원까지
비과세종합저축	비과세	65세 이상 고령자, 기초생활수급자 등
청년우대형청약통장	비과세	500만원까지 비과세(2년 유지)
코스닥벤처펀드	소득공제	3천만원까지 10% 소득공제
주택청약종합저축	소득공제	연봉 7천 이하 무주택자, 240만원 한도

■ 절세가 가능한 금융 상품

연금 저축은 연말정산 시에 눈에 보이는 절세 효과로 직장인들이 선호합니다만, 만약 연금 수령 전에 해지하게 되면 기타소득세 16.5%가 부과되는 등 그간의 혜택을 거의 토해내야 하니까 재무 목표와 자금 계획에 맞춰 신중하게 판단해야 합니다. 그리고 청년우대형 청약통장(만 29세 이하)은 비과세 혜택 외에 연간 600만원 한도로 최고 3.3%의 금리가 제공됩니다. 비과세종합저축은 이자소득세 15.4%를 면제해주는데, 만 64세 이상과 국가유공자, 기초생활수급자 등이 대상이고 5천만원 한도입니다.(2019년 말에 종료되며, 19년에는 만 65세 이상) 금리가 가장 높은 예적금 통장 중 하나를 지정하면 되고, 부모님 명의로 가입할 수도 있습니다.

한 눈에 확인하는
금융 정보 사이트 9

세상살이가 통장 한두 개와 얼마간의 금융 정보로는 감당되지 않는 시대에 우리는 살고 있습니다. 예적금 계좌뿐 아니라 보험과 연금, 신용등급 확인부터 휴면 계좌 관리, 잊고 지내던 카드 포인트, 상속 재산 확인 등등 자산 관리에 도움이 되는 금융 정보 조회 사이트를 소개합니다!

1. 내 계좌를 한 눈에! 계좌 통합 관리 서비스

www.payinfo.or.kr

은행과 우체국 등의 모든 계좌를 한 번에 조회하고, 오랫동안 잊고 지내던 1년 이상 휴면 계좌 해지, 잔고 이전을 할 수 있다. 또한 신용카드 발급 현황, 보험, 대출 내역도 확인 가능하며, 금융사에 등록된 모든 자동이체를 조회할 수 있다. 금융결제원 제공

2. 예적금 검색의 결정판! 금융상품 통합비교 공시

finlife.fss.or.kr

금융감독원에서 운영하는 금융 상품 비교 사이트로 전국 은행과 저축은행, 보험사 등의 예적금 금리와 대출금리 조건을 검색, 비교할 수 있다. 은행별 금리 비교는 은행연합회 www.kfb.or.kr나 저축은행중앙회 www.fsb.or.kr에서도 확인할 수 있다.

3. 모든 연금 정보가 이곳에! 통합 연금 포털

100lifeplan.fss.or.kr

국민연금, 공무원연금, 퇴직연금, 연금보험, 변액연금 등의 연금 상품 정보와 함께 연금 수령 나이와 금액을 확인할 수 있다. 각종 연금저축의 수익률 비교 외에 '연금저축 어드바이저'의 노후 재무진단 서비스에서 나의 정보를 입력하면 노후에 필요한 자금과 맞춤형 연금저축 상품을 찾을 수도 있다.

4. 신용정보 및 신용등급 무료 조회 서비스

한국신용정보원 www.credit4u.or.kr

NICE평가정보 www.credit.co.kr

올크레딧 www.allcredit.co.kr

크레딧포유(한국신용정보원)에서는 대출 및 채무 불이행, 연체 정보, 카드 발급과 현금 서비스 내역 등의 신용 정보를 조회하고 잘못된 정보는 정정 청구할 수 있다. 마찬가지로 NICE 평가정보와 올크레딧에서는 기본적인 신용 조회 외에 신용등급을 연 3회 무료로 확인할 수 있다. 조회로 인해 신용등급이 영향을 받지는 않는다.

5. 숨은 보험금을 찾아주는, 보험 가입 조회 서비스

www.klia.or.kr(보험 가입 조회 혹은 내 보험 찾아줌 클릭)

내가 가입한 보험 내역과 종료일, 만기일 등의 관련 정보, 미청구된 보험금 내역 등을 확인해 보험금 청구 누락과 보험 중복 가입을 방지할 수 있다.(우체국과 수협, 신협, 새마을금고 보험 상품은 제외) 실손 보험과 자동차 보험 내역은 물론 피보험자로 등재된 경우도 확인이 가능하지만, 보험금 지급이 완료된 계약은 3년 이내 내역만 조회된다.

6. 온라인 보험 슈퍼마켓, 보험 다모아

www.e-insmarket.or.kr

온라인 보험 상품을 모두 모아서 가격(보험료)과 보장 조건을 비교할 수 있다. 자동차 보험부터 여행자 보험, 단독실손 보험, 연금 보험, 보장성 보험과 저축성 보험의 온라인 상품을 취급하는데, 잠깐의 수고로 보험료가 보다 저렴한 상품을 찾는 데 유용하다.

7. 여신금융협회 카드 포인트 통합 조회 시스템

www.cardpoint.or.kr

모든 카드사의 적립 포인트와 소멸 예정일 등을 한 번에 확인할 수 있다. 요즘은 카드 포인트로 상품 구매는 물론 교통카드 충전, 사회 기부 등에 이용할 수 있는데, 대개 5년이 경과하면 적립된 시점부터 포인트가 차례대로 소멸되므로 한 번쯤 확인하는 게 좋다.

8. 서민금융 1332

www.fss.or.kr/s1332

디딤돌 대출과 보금자리론, 햇살론(서민금융진흥원, 연소득 4,500만원 이하), 저금리 전환상품(바꿔드림론), 전세금 대출, 채무 조정 등 서민을 위한 금융 지원 관련 정보를 얻을 수 있다. 생활 안정자금 및 긴급 자금, 창업과 운영 자금, 주거 안정자금, 교육비 지원 등을 소득과 신용 수준에 따른 맞춤형 검색으로 찾도록 한 게 특징이다.

9. 대한민국의 모든 금융 정보를 망라! 금융 소비자 포털 파인

fine.fss.or.kr

금융 생활에 필요한 모든 정보를 한 곳에 모은 대한민국 금융 정보의 끝판왕이므로 꼭 북마크해두자!

앞에서 소개한 계좌 통합 관리, 금융 상품 통합비교, 연금 정보, 신용 정보 조회, 카드 포인트 조회 등 금융 서비스 정보를 집대성한 외에 상속인 금융거래 조회, 금융 꿀팁 200선, 금융 자문 서비스, 각종 금융 계산기 등도 유용하다. 다른 금융 정보 사이트를 전혀 모르더라도 이곳만 알면 필요한 거의 모든 정보를 찾아갈 수 있다.

부자로 가는 첫 관문,
1억과 2억

"얼마를 모을 때가 가장 힘들었어요?"라고 물으면 1억이라고 대답하는 사람들이 가장 많을 듯합니다. 이른바 '1억의 벽'이지요.

처음 3천만원, 5천만원을 모을 때는 직장 초년생이라 급여 수준이 낮은 반면에 돈을 쓰기는 더 쉽습니다. 월세나 자동차 유지비 같은 지출 비중이 높고, 사고 싶거나 하고 싶은 것도 많습니다. 그러다가 1억을 넘어서면 돈이 모이는 데 탄력이 붙습니다. 전세금 대출을 일부 받으면 월세를 전세로 돌릴 수 있으니까 이것만으로도 한 달에 몇십 만 원을 아낄 수 있습니다. 이자와 투자 수익도 차츰 늘어나고요.

만약 20대에 1억원을 모았다면 그는 부자가 될 가능성이 매우 높다고 할 수 있습니다. 자기 관리가 되고 돈 모으는 법을 깨쳤다는 의미이

210

니까 말입니다. 이후에 자산을 어떻게 불리는지가 관건인데, 어쨌든 그의 출발선은 여느 직장인보다 몇 년은 앞서 있습니다. 게다가 해가 갈수록 이 간격은 더 벌어집니다. 인생을 흔히 마라톤에 비유합니다만, 직장 생활 30년 동안 똑같은 페이스를 유지하는 게 결코 좋은 게 아닙니다. 직장 초년기에 전력 질주를 해서 최대한 차이를 벌리는 게 절대 유리합니다. 그 경계점이 바로 1억입니다.

직장인이 1억을 모으는
가장 빠른 방법

연봉 4천만원을 받는 직장인이 3년 만에 1억원을 모을 수 있을까요? 산술적으로는 불가능합니다. 실제로 신참 직원에게 물어봤더니 "어떻게 모아요! 3년 동안 한 푼 안 쓰고 모아도 겨우 1억을 넘을 텐데요."라는 대답이 돌아왔습니다.

그의 말대로 연봉 4천만원을 받는 직장인의 실수령액은 3,527만원 쯤 됩니다. 월수령액은 294만원 정도이고요. 이 돈을 모조리 적금에 넣으면 정확히 3년 후 1억860만원을 모을 수 있습니다.

월적립액 : 2,940,000원 × 36개월 (단리 2%)

원금합계 : 105,840,000원

세전이자 : 3,263,400원 (세금 502,564원/15.4%)

세후 수령액 : 108,600,836원

하물며 급여의 절반쯤을 생활비로 쓰면 1억원 마련은 더더욱 멀어집니다. 월급 294만원에서 월세 50만원, 생활비 50만원, 용돈과 잡비 70만원쯤 쓰고 남은 돈 120만원을 매달 저축해서 1억원을 만들려면? 7년을 꼬박 저축해야 1억원을 모으고 700만원이 남습니다. 이래서는 부자는커녕 전세 탈출의 답도 쉽지 않습니다.

따라서 어떻게든 저축액을 높일 방법을 찾아야 합니다. 매달 135만원을 적금에 넣는다면 3년에 5천만원을 모을 수 있습니다.(금리 2%. 세전이자 153만원) 똑같은 135만원과 금리 조건으로 1억원을 모으려면 70개월, 즉 6년에서 두 달이 빠집니다. 급여가 아주 많거나 해서 저축액이 두 배가 되면 어떨까요? 당연히 기간이 반으로 줍니다. 매달 270만원을 저축하면 3년 만에 1억을 모을 수 있습니다.

불입액	기간	원금합계	세전이자	세후 수령액
135만원	36개월 (3년)	48,600,000원	1,528,055원 (세금 235,320원)	49,892,734원
135만원	70개월 (5년10개월)	94,500,000원	5,811,792원 (세금 895,016원)	99,416,776원
270만원	36개월 (3년)	97,200,000원	3,056,110원 (세금 470,641원)	99,785,469원

2% 월복리. 이자에 대해 15.4% 과세

■ 적금으로 1억원을 모으려면

이 표를 기준으로 종잣돈 모으기 목표액과 기간을 가늠할 수 있는데, 여기에는 유념해야 할 게 있습니다. 근 6년간의 이자가 581만원으로 가장 많은 데에서 직장인에게는 시간이 무기라는 사실(또한 복리가 22만원쯤 더 유리), 그리고 목표 달성 기간을 단축하려면 어쨌거나 월 불입액을 높여야 된다는 점입니다. 이게 핵심입니다. 직장인이 가급적 빨리 5천만원, 1억원을 모으기 위한 관건은 다달이 받는 급여에서 얼마의 돈을 저축할 수 있는지에 달렸습니다.

종잣돈 목표는 3천만원, 5천만원, 1억원 등으로 각자가 설정하면 되는데, 목표 기간을 단축하는 또 하나의 변수는 바로 수익률입니다. 똑같은 금액 135만원을 적립식 펀드에 넣어 연평균 수익률 7%를 낸다면 3년 후의 평가액은 5,422만원(수익 562만원)이 됩니다. 과세는 제외한 경우인데, 참고로 주식형 펀드의 매매 차익은 비과세입니다. 물론 매년 7% 수익을 가정한 것이고, 재테크 초보자가 중위험 자산에 자금의 거의 전부를 투자하는 게 바람직하지도 않습니다.

흔히 투자 자산 비율은 '100 - 나이'를 이야기합니다. 30대라면 100 - 30 = 70, 자산의 70%를 투자하라는 것인데, 절대적이지는 않습니다. 부동산이나 적립식 펀드, 주식 등의 투자 위험도에 따라 자금을 배분하는 것도 고려해야 하고요. 저는 이 같은 법칙보다는 부양가족이 있는지 여부(특히 자녀가 있는지), 그리고 본인의 투자 성향과 시장 환경(움츠려야 할 때와 공격적이어야 할 때)에 따라 판단해야 한다는 입장입니다.

순자산 2억부터가
본격적인 시작

예적금을 중심으로 한 포트폴리오를 통해 1억원 이상을 모았으면 이때부터는 재테크에 보다 많은 고민을 할 차례입니다. 자산은 이전보다 가파르게 늘어날 테고, 순자산이 2억원쯤 되면 부동산 투자에도 눈을 돌릴 필요가 있습니다. 혼자 살든 결혼을 하든 어차피 집 문제는 해결해야 하니까, 비교적 안전하면서도 수익 전망이 좋은 부동산으로 자산 기반을 옮기는 것입니다.

부동산 투자를 위한 자산이 2억원 정도라면 은행 대출의 적정액과 이자 규모를 잘 가늠해야 합니다. 특히 2018년부터는 신DTI와 총체적상환능력비율(DSR)이 적용돼 대출 규모가 줄어드는 한편으로 향후 수년간 금리는 차츰 오를 것이기 때문입니다. 2015~2017년의 아파트 시장 활황에 뒤이어 향후 부동산 투자 전망이 밝지만은 않다는 사실도 감안해야 하고요.

일단은 투자에 줄곧 관심을 가지면서 나의 재무 상태를 정확히 파악하는 게 우선입니다. 적어도 한 달에 한 번은 현금흐름표와 재무상태표를 작성해 부동산 투자가 감당이 되는지를 확인하는 것입니다. 현금흐름표로 수입과 지출을, 재무상태표로 자산과 부채를 관리하는데, 참고로 오른쪽은 전세를 살고 있는 30대 중반의 직장인 후배에게 부탁해 받은 그의 재무상태표입니다.

	자산				부채		
현금 자산	보통 예금	5,000,000	2.2%	단기 부채	–	–	
금융 자산	정기 예금	25,000,000	11.1%	장기 부채	전세대출	90,000,000	
	주택 청약	2,000,000	0.9%				
	적립식 펀드	5,600,000	2.5%	기타			
고정 자산	전세금	170,000,000	76%	**부채 총액**		**90,000,000**	
	자동차	15,000,000	6.6%				
은퇴 자산	개인 연금	1,400,000	0.6%				
총 자산		**224,000,000**	**100%**	**순 자산**		**134,000,000**	

■ 최 대리의 재무상태표

현금흐름표에서 가장 중요한 것은 되도록 덜 쓰게끔 지출을 통제하고 저축 금액을 높이는 것이지요? 그럼 재무상태표에서 가장 중요한 것은 무엇일까요? 바로 자산의 배분이 적절한지를 고민하기, 그리고 순자산의 증감 여부입니다. 시간이 지날수록 재산을 까먹는 추세여서는 안 되니까요.

part 1에서 언급한 기요사키의 방식에 따르면 최 대리의 자산 중 전세금과 자동차는 부채 항목이 됩니다. 그 어떤 수익도 만들어내지 못하고 비용만 발생시키기 때문입니다. 나머지가 전부 자산이기는 해도 보통예금 이자 1%, 정기예금 이자 2% 정도이니까 자산 증식은 거의 월급에만 기대고 있는 실정입니다. 이 경우라면 전세 자금(금리 2.7%) 대출 상환을 서둘러 순자산을 늘리고, 현금 자산 대비 투자 자산 비중을 높이는 게 바람직해 보입니다.

순자산이 1억원을 넘어 2억 쪽에 가까워지면 적극적으로 내 집 마련을 검토해도 좋습니다. 지역과 매물에 따라서는 이보다 적은 금액으로도 내 집 마련이 가능하겠지만, 잘 따져야 하겠지요. 해당 지역의 부동산 투자 전망, 대출 금리와 월 상환액, 전세일 때와 자가일 때의 이자 비용 등을 견주어보는 것입니다. 또한 현금성 자산과 대출을 합한 동원 가능한 자금을 평소에 체크해둘 필요도 있고요.

그런데 우리나라 직장인들은 언제쯤 내 집 마련을 할까요? 2016년의 주거 실태 조사에 따르면 서울에서 처음 내 집을 마련하기 위해서는 평균 4번을 이사해야 하고, 결혼 후 8년 정도 걸린다고 합니다. 요즘처럼 집값이 치솟는 상황에서는 별 도리가 없을 수도 있지만, 수익을 창출하지 못하는 상태로 자산(전세금)을 오래 방치하면 그 기간만큼 투자 기회비용을 날리는 셈입니다. 이것이 경우에 따라서는 소중한 내 돈을 지키는 방편이 되기도 하니까(투자 기대수익을 포기하는 대가로), 투자라는 게 사실 쉽게 판단할 문제는 아닙니다.

투자의 시작은
빠를수록 좋다

자녀를 웬만큼 키워놓은 집의 이야기를 들어보면 돈을 모으기 가장 좋고 또 잘 모이는 때는 아이가 태어나기 전이라고 말합니다. 현실이 정말 그렇지요. 결혼을 준비하느라 모아둔 돈이 좀 있을 테고, 때로는 양가 어른들이 신혼집 마련에 도움을 주시기도 하고, 맞벌이도 가능하기 때문입니다. 그러다가 자녀가 생기고 생활에 여유가 생겼다는 생각이 들 때쯤이면 돈 들어갈 일이 부쩍 늘어납니다. 애 키우랴 전세금 맞춰주랴 대출금 상환하랴 저축 여력이 줄 수밖에 없고, 맞벌이는 외벌이가 될 수도 있습니다. 이때부터 자산의 증가 속도는 정체되기 십상입니다.

그러면 어떻게 해야 할까요? 답은 간단합니다. 돈이 모일 때 최대한 많이 모아야 하지요. 더욱이 맞벌이라면 부자의 길을 성큼 앞당길 수 있는 이 기회를 놓치지 말아야 합니다. 벌이가 두 배라고 씀씀이마저 배로 늘리면 돈을 더 쓴 꼭 그만큼의 손해만 나는 게 아닙니다.

직장인에게는 시간이 큰 무기입니다. 앞에서 5천, 1억 모으기에 다년간의 시간을 상정했지요? 돈을 모으는 데도 자산을 불리는 데도 시간이 필요합니다. 한 달 두 달이 아닙니다. 저축성 자산은 말할 것도 없고 투자 또한 시간에 돈을 묻어야 합니다. 큰 수익을 내는 투자는 살면서 두세 번도 많습니다. 하물며 십 년 세월마저도 금방입니다. 돈은 모일 때 모아야 하고, 투자의 시작은 빠를수록 좋습니다. 행여 잘못된 투자로 얼마간의 손실을 보더라도 그렇습니다. 손실 경험마저도 소중한 자산이 되기 때문입니다.

나이가 들수록 돈이 더 아쉽게 느껴지는 게 사람의 삶입니다. 경제적 자유를 얻지 못하는 한 세상일에 대한 우리의 선택의 폭은 줄 수밖에 없습니다. 언젠가는 자의 반 타의 반으로 회사를 떠나야 할 날도 찾아오고야 맙니다. 하루라도 빨리 재테크, 특히 투자를 통해 미리 준비해야 하지요. 마흔이 넘은 직장인이라면 다들 뼈저리게 느끼고 있을 것입니다. 돈이 많다고 행복해지는 것은 아니지만, 돈이 없으면 우울한 일들이 하나둘이 아닙니다.

직장인이 꼭 기억해야 할
투자의 3요소

투자하지 않는 직장인에게 부자에의 길은 보이지 않습니다만, 기본적으로 투자는 고수익에 대한 리스크, 즉 내 돈을 잃을 수도 있다는 사실을 전제로 하지요. 그래서 잘 투자해야 하고 잘 관리해야 합니다. 직장인, 혹은 투자 초보자가 부동산이든 주식이든 펀드든 어딘가에 투자할 때 꼭 지켜야 할 게 있습니다.

첫째, 수익성, 안정성, 환금성 고려하기(투자의 3요소)

둘째, 분산투자하기

가벼운 마음으로 소액을 투자하는 게 아니라 내 자산의 상당 부분을 투자 중심으로 운용할 때는 이 원칙을 반드시 유념해야 합니다. 투자 공부를 하다 보면 나름의 확신을 갖게 되는 일이 곧잘 있습니다. 보유만 하고 있으면 단기간 내에 급등할 것이라는 직감인데, 이때가 사실 가장 위험합니다. 합리적이고 객관적인 분석보다는 내 느낌이나 바람의 비중이 훨씬 크기 때문입니다. 합리적이고 냉철하게 분석하고, 전문가 리포트에서 다들 긍정적으로 판단하는 경우에도 어떻게 될지 모르는 게 투자의 세계입니다.

투자에서는 상당수 시장 참여자가 거의 수익을 내거나 거의 손해를 보는 시기가 있는 한편으로, 아무리 시장이 좋아도 투자 실패를 비관해 극단적인 선택을 하는 사람들 또한 늘 있습니다. 안정적인 투자 수익과 그 뒤에 숨은 만약의 리스크를 막아주는 게 바로 투자의 3요소입니다. 하나씩 간략하게 보겠습니다.

1. 수익성, 안정성, 환금성 고려하기

투자 결정을 할 때 꼭 고려해야 할 3요소로, 이중 수익성이 으뜸 기준일 것입니다. 다만 부자들은 안정성을 더 중시하는 경향이 있습니다. 벌 만큼 벌었다는 것이지요.

수익성은 일정 기간의 수익률이므로 이 기간 동안 자금이 묶이는 것을 전제로 합니다. 즉, 여유 자금이라서 불가피하게 현금화해야 하는 일이 없어야 하고, 레버리지를 활용하는 경우에는 자금 조달 비용(이자)도 염두에 두어야 합니다.

2017년의 투자 평균 수익률은 해외주식형펀드 > 코스닥 > 코스피 > 부동산 > 정기예금 > 달러 투자 순이었습니다. 해외주식형펀드 수익률이 27%로 1등이었고 코스닥 26%, 코스피는 22% 등 주식 시장이

강세를 보였습니다. 정권 교체와 대북 갈등, 사드 배치 문제로 연중 시끄러웠음에도 불구하고 높은 수익률을 기록했습니다. 이에 비해 2016년에는 금 투자 수익률이 7.3%로 1등이었고 코스피는 3% 수익, 코스닥은 7.3% 손실로 상당히 나빴습니다. 이는 매년 엎치락뒤치락하고 어디까지나 해당 분야의 평균 수익률입니다. 개별 투자자 레벨에서는 수익과 손실 폭이 훨씬 커질 수 있습니다.

수익성 다음으로는 안정성과 환금성을 살펴야 합니다. 안정성은 투자의 위험 정도를 살펴서 투자 여부와 자금 규모를 따지라는 것입니다. 일반적으로 주식 < 펀드 < 부동산 < 예금 순으로 투자 안정성이 높고, 수익성은 떨어지겠지요. 환금성은 현금화가 얼마나 빠르고 손쉬운지 여부입니다. 부동산처럼 돈이 장기간 묶이는 경우 외에 금융 상품도 단기와 중장기 상품으로 나누어 환금성을 고려해야 합니다. 일정 기간 보유해야 절세 혜택이 있는 상품, 보험은 당장 현금화하는 데 제한이 있기 때문입니다. 환금성은 목돈이 필요한 예상 시점과 투자 계획, 만약의 경우를 대비하면 됩니다.

2. 분산 투자하기

분산 투자는 투자의 3요소 중 안정성의 연장선상에 있는 개념입니다. 흔히 계란을 한 바구니에 담지 말라는 식으로 조언하는데, 이 표현은 약합니다. 한 자리에 모여 있다가 폭탄이 떨어져 거의 전멸하는 상황이 닥칠 수 있습니다. 특히 주식에서는 어쩌다가 몇 백, 몇 천을 벌었어도 그 몇 배를 까먹는 일이 수두룩합니다.

주식 초보자들의 투자 실패 수순은 흔히 이렇습니다. 대세 상승장에서 처음 몇 달간 분할매수(잘 모르니까 원칙 중심의 대응을 합니다.)를 해서 재미를 보고 투자 자신감도 갖게 됩니다. 이후 눈에 확 꽂히는 종목에 올인해서 반토막, 상황 판단이 안 되고 손실이 너무 커 손절매할 엄두를 못 내서 여기서 더 까먹습니다.

위험 자산일수록 분산 투자는 필수인데, 아래 3가지 사항을 염두에 두기 바랍니다.

1. 주식, 펀드, 부동산, 현금성 자산에 나누어 투자한다.
2. 투자 분야(주식, 펀드, 부동산 등)**의 복수 종목에 나누어 투자한다.**
3. 투자 시점을 분산한다.

분산 투자가 중요한 이유는, 각각의 투자 분야는 따로따로 움직이는 경우가 많기 때문입니다. 대표적인 게 국내 주식과 외환 시장의 움직임입니다. 기본적으로는 시장이 어떻게 움직일지 모르니까 분산이 필요합니다. 투자 대상을 분산하고, 한 분야에 투자하더라도 종목을 달리해 '폭탄'을 피합니다. 가격 등락이 심한 자산의 경우에는 투자 시점을 분산해 안전하게 버는 투자를 지향하는 게 좋습니다.

어떻게
내 집을 마련해야 할까?

몇 해 전쯤 집을 사기 전에는 차를 사지 않기로 했다는 젊은 직장인을 만난 적이 있습니다. 차를 사고 유지하려면 돈 들어갈 일이 태산인데, 자신은 그 돈을 저축하거나 펀드에 넣겠다고 했습니다.

맞는 말입니다. 중형차 구입비 3천만원에 보험료와 기름값, 수리비 등을 포함한 1년간 유지비가 대충 500만원, 이것만 합해도 5년이면 6천만원이 족히 넘습니다. 차가 생겼으니 놀러 다니면서 쓴 비용을 빼도 그렇습니다. 5년 동안 차에 들어가는 돈에 저축 등을 보태면 1억원은 손쉽게 모을 수 있다는 결론이 나옵니다.

그러면 4~5년이 지난 지금, 서른 중반의 이 친구는 과연 집을 샀을까요? 집을 샀어야 이야기가 되는데, 정작 현실에서는 아직입니다. 2억

5천만원 전세에 살고 있고, 중고 중형 세단을 하나 끌고 다닙니다. 짓궂기는 하지만, 저는 예전의 다짐을 되물어봤습니다. 집 사기 전에는 차 안 산다고 그랬잖아?, 라고요. 그랬더니 총각 때는 그럴 생각이었는데 결혼하고 나니까 상황이 달라지더랍니다. 차가 필요할 때가 가끔 있고 남들 다 있는데 없으니까 '좀 그렇더라'는 게 결심이 허물어진 결정적인 이유였습니다.

절약과 저축 생활이 원래 그렇습니다. '좀 그렇더라'는 마음을 이겨내기가 쉽지 않습니다. 몇 년 동안 꾸준히 저축 생활을 이어 간다는 것은 더더욱 어렵습니다. 게다가 결혼으로 소비 생활에도 변화가 생긴 상황입니다. 맞벌이라서 통장을 합치고, 두 사람이 동일한 지향점을 향해 이를 악문다면 더할 나위 없겠지만, 그러기에는 돈 들어갈 일이 너무 많고 돈을 쓰며 즐기기에도 너무나 좋은 세상입니다.

돈이 있다고
다 집을 사는 게 아니다

그가 재테크를 크게 잘못한 것은 아닙니다. 절약 습관이 몸에 배어 있고 저축도 꾸준히 해왔습니다. 외벌이 자력으로 서른 중반에 2억원을 훨씬 넘게 모았으니 칭찬을 해줄 만도 합니다. 그래도 어쨌거나 집 마련 목표를 달성하지 못했다면 그 이유는 뭘까요? 집보다 중고 자동차를 먼저 샀기 때문이 아닙니다.

첫째, 재테크에서 몸을 사린 측면이 큽니다. 처한 상황에 비해 너무 안전을 추구했다는 의미입니다. 그는 저축과 투자 비율이 7대 3 정도였는데, 적어도 결혼 전에는 좀 더 과감하게 투자했어도 좋지 않았나 하는 생각이 듭니다. 부양가족이 없을 때는 어느 정도 모험의 필요가 있고, 무엇보다 그의 성향상 충분히 투자 리스크를 관리할 수 있었습니다. 절약과 자기 관리가 되는 친구였으니까요.

둘째 이유도 그 연장선상에 있습니다. 돈을 웬만큼 모았다고 다 집을 사는 게 아닙니다. 자금 여력이 있는데도 집을 못 사는(혹은 안 사는) 사람이 적지 않습니다. 투자 마인드와 시장 전망에 대한 해석 차이이지요. 이는 대개 해당 분야에 대한 공부 부족이 원인입니다.

기본적으로 자산 가격은 오르내리면서 일정한 방향성을 보이거나, 그 가격 그대로 한동안 쭉 지속되거나입니다. 그런데 "지금 샀다가 집값이 떨어지면 어떡해?"라는 반응에는 대개 집값이 떨어지기를 바라는 기대 심리가 깔려 있습니다. 뉴스를 들어도 하락 쪽의 정보에만 귀가 솔깃합니다. 내가 보고 싶은 것만 보고 듣고 싶은 것만 듣는, 이른바 심리학에서 말하는 확증편향입니다.

물론 부동산 가격이 떨어질 수도 있지만, 이것은 적어도 공부와 분석을 바탕으로 한 내 판단이어야 합니다. 가격이 오를지 내릴지에 대한 합리적인 판단 없이 막연히 '가격이 떨어지기를 바라니까, 떨어지면 사겠다'는 합리적인 투자 태도라고 할 수 없습니다. 투자는 나의 바람이 아니라 가능성에의 베팅입니다.

집을 살 때
꼭 알아야 할 것들

"아파트가 가장 쌀 때가 언제인지 알아요? 바로 오늘이에요."

간혹 만나는 중개업소 사장님의 말입니다. 부동산은 금액이 커서 그만큼 투자에 대한 확신을 갖기가 어렵다는 뜻입니다. 어느 정도 분석이 끝났으면 머뭇거리지 말고 그냥 사라는 의미이기도 하고요. 주택 시세는 언제든 오르내리고, 다른 곳은 다 그대로인데 특정 지역만 등락이 심할 수도 있습니다. 그것을 판단하는 안목을 기르기 전에는 몇 억짜리를 흔쾌히 살 수 있는 날은 오지 않습니다.

시장의 흐름과 해당 부동산의 가치를 가늠하는 안목 외에도 아파트에 투자하려면 고려해야 할 것들이 적지 않습니다. 먼저 매물 정보 확인부터 은행 대출, 등기부 등본 확인, 부동산 매매 상식, 계약서 작성 등등 부동산 거래의 실무 지식이 필요합니다.

1. 헌 아파트 vs. 새 아파트, 당신의 선택은?

처음으로 내 집을 마련한다면 새 아파트가 좋을까요? 헌 아파트가 좋을까요? 현재 누군가 살고 있는 아파트 구매는 가치 판단이 비교적 쉽습니다. 건물 내부와 주변 환경을 둘러보고 주거의 편의성과 투자의 미래 가치 등을 따져서 시세와 견주어보면 됩니다.

투자 측면에서 새 아파트가 유리한 측면이 분명히 있기는 하지만, 그렇다고 헌 아파트가 무조건 불리한 것은 아닙니다. 새 아파트보다 학군과 쇼핑, 병원 같은 편의시설과 생활 환경이 잘 갖춰져 있고, 개중에는 아주 오래된 아파트라서 재건축 이슈가 불붙으면 새 아파트보다 투자성이 좋을 수 있습니다.

주택 매물 정보와 투자 가치 판단은 직접 발로 뛰는 게 제일입니다. 그전에 부동산 투자 오프라인 강좌(몇십 만 원 수준의 비용이 들기는 하는데, 투자 요령과 함께 투자가 유망한 지역을 몇 군데씩은 다들 찍어줍니다.), 인터넷 투자 커뮤니티 등에서 정보를 얻거나 네이버 지도와 아파트 매물 정보(네이버 부동산 land.naver.com이나 스마트폰 앱 호갱노노 등등)를 보면서 직접 판단해도 좋습니다. 이렇게 해서 괜찮은 조건의 매물이 눈에 띄면 이후에는 무조건 현장 답사입니다.

한편으로 새 아파트를 소유하려면 청약에 참여하여 분양받아야 합니다. 우리나라는 선분양제를 허용하고 있지요? 선분양제는 건설사가 아파트를 짓기 전에 입주민을 모아서 3년 정도 걸리는 공사 기간 동안 필요한 자금을 계약금과 중도금(집단대출 포함 통상 60%)으로 충당하는 제도입니다. 빌라 같은 다세대 주택은 다 지은 후 '구경하는 집'을 보고 매매를 결정하지만, 아파트는 실제 집이 완성되기 3년도 전에 모델하우스만 보고 몇 억이나 되는 구매 결정을 해야 합니다.

그런데 이런 '사전' 분양이 왜 인기가 많을까요? 그 이유는 분양가가 시세보다 저렴하게 책정되기 때문입니다. 분양가 상한제 등의 이유로 시세보다 많게는 몇 억이 싸다 보니까 분양권을 전매하면 상당한 시세 차익(프리미엄, 피)을 얻는 것입니다.

신규 아파트를 분양받기 위한 분양 정보 확인과 청약은 금융결제원

아파트 실거래가 정보에 특화된 호갱노노의 앱 페이지(현행 주택 실거래 신고 기한은 계약일로 부터 60일 이내라서 진짜 시세와는 다소 시차가 있다. 30일 이내로 개정을 추진 중) 국토부 실거 래가 앱에서도 관련 정보를 확인할 수 있다.

에서 운영하는 아파트 투유www.apt2you.com에서 할 수 있습니다. 본인의 청약 가점과 청약통장 순위도 확인할 수 있으므로 아파트 청약에 관심이 있다면 자주 확인해보기 바랍니다.

2. 부동산 대출은 얼마나 받아야 할까?

서울 아파트의 평균 가격은 약 7억원이라고 합니다.(2018. 4월 기준, KB국민은행) 사정이 이렇다 보니 직장인이 아파트를 대출 없이 온전히 내 돈으로 장만하기는 어렵습니다. 하지만 낮은 금리의 대출로 집을 사서 이자를 내며, 이후 발생하는 시세 차익을 노리는 게 훨씬 똑똑한 방법인 측면도 있습니다. 물론 대출을 활용한 투자가 이익인 때와 아닌 때, 이익인 지역과 아닌 지역은 따로 있습니다.

그런데 부동산 대출은 무조건 많이 받는 게 좋을까요? 당연히 아닙니다. 대출에서 '집값의 몇 %를 받을까?'라는 계산식 또한 큰 의미가 없습니다. 중요한 것은 대출로 조달이 필요한 자금 규모와, 내가 매달 안정적으로 상환 가능한 수준인가 여부입니다.

예전에는 원금 상환을 뒤로 미루고 이자만 갚는 거치식 대출이 가능했지만 현재는 거의 없습니다. 즉 대출을 받으면 매달 원금 상환과 이자 납부가 동시에 이루어져야 하므로, 현재와 미래의 소득 수준을 고려해 감당할 수 있는 금액이 얼마인지를 따져야 합니다.

소득 대비 월 원리금 상환은 30%를 넘지 않는 게 좋습니다. 이 범위를 넘어서면 정상적인 생활과 추가 저축 여력에 지장을 초래하기 때문입니다. 예를 들어 1억5천만원을 대출받는다면(금리 4%, 10년 원리금 균등상환) 다달이 갚아야 할 원리금은 1,518,677원이고, 이때 나의 월 소득은 가급적 500만원이 넘어야 한다는 이야기입니다.(원리금 상환액 계산은 대출금 계산기 앱을 이용하면 편리합니다.)

내 집을 마련하면 2년마다 '전세금을 올려줘야 하나, 또 이사해야 하나?' 등등 전전긍긍할 일이 사라지는 반면, 매달 대출 원리금 상환과 해마다 재산세도 내야 합니다. 그렇다고 대출을 너무 두려워할 필요는 없습니다. 통장에 적금을 붓는 대신에 대출 통장에 적금을 붓는다고 여기면 됩니다. 물론 자산 가치 상승의 기쁨을 누릴 수도 있어야 하므로 좋은 물건에 잘 투자해야 합니다.

빚을 내 집을 사는 사람들이 급증하고 국가 경제적으로도 가계 부채 증가가 문제이다 보니 정부는 과도한 대출에 의존하는 부동산 투자 수요에 제동을 걸었습니다. 대출 한도가 낮아진 신DTI(신총부채상환비율)와 DSR(총부채원리금상환비율)의 등장입니다. DSR은 기존 주택 담보대출의 원리금뿐만 아니라 마이너스 통장, 카드론, 자동차 할부금, 학자금 대출까지도 모두 부채로 인식해 소득 대비 대출금 비율을 제한합니다.

하지만 실수요를 위한 주택 담보대출은 그리 어렵지 않게 진행할 수 있습니다. 특히 첫 번째 내 집 마련을 하는 서민이라면 '디딤돌 대출'을 적극적으로 검토해보는 게 좋습니다. 디딤돌 대출은 일반 담보대출보다 금리가 낮으며 상환 기간, 다자녀 여부, 신혼부부와 청약저축 가입 기간 등에 따라 금리를 더 우대받을 수 있습니다. 아래에 디딤돌 대출의 조건을 정리하겠습니다만, 인터넷 검색만 하기보다는 은행 대출계에 가서 상담을 받는 게 가장 확실합니다.

주택도시기금 홈페이지nhuf.molit.go.kr에 가면 디딤돌 대출 관련 정보와 나의 대출 가능 금액, 그리고 수익과 손실을 기금과 나누는 공유

내 집 마련 디딤돌 대출의 조건

자격조건	부부 합산 연소득 6천만원 이하(생애 최초는 7천만원까지) 세대원 전원 무주택(만 30세 미만인 단독 세대주는 제외)
실거주조건	대출 발생 후 1개월 이내(타당한 이유 있을 시 2개월 연장) 1년 이상 실거주
가능주택	5억 이하 수도권 85㎡ 이하, 도시 아닌 읍면 지역 100㎡ 이하
대출한도	감정가의 70%(최대 2억)
대출기간	10~30년
금리	연 2.25~3.15%(소득 수준과 대출 기간에 따라 상이) 고정 또는 5년 단위 변동금리
금리 우대조건	다자녀 가구 0.5% 장애인 가구, 생애 최초 구입, 신혼부부 각 0.2%(중복적용 불가) 청약저축 가입 0.1~0.2%(1년 이상) 국토부 전자계약시스템으로 매매 0.1%(2018.12.31까지)
신청시기	소유권 이전 등기를 하기 전부터 등기 후 3개월 이내
취급은행	국민, 기업, 농협, 신한, 우리, KEB하나
비고	만 30세 이상 미혼의 단독세대주는 주택가격 3억, 60㎡, 대출한도 1.5억으로 디딤돌대출 이용 가능(2018. 3. 5 시행)

형 모기지, 전세금 대출 등의 정보를 얻을 수 있습니다. 비슷한 정책 금융상품으로서 주택금융공사의 보금자리론www.hf.go.kr도 유용하므로 참고하기 바랍니다. 디딤돌 대출과 보금자리론은 유한책임대출 제도도 시행하고 있습니다. 유한책임대출은 채무자의 상환 능력에 문제가 생겼을 때 그 책임을 담보물(주택)에 한정하는 대출입니다. 부동산 시세가 대출금 아래로 떨어져도 집만 포기하면 되는 것입니다.

3. 투자자를 위한 등기부 등본 보는 법

전세나 집 매매 등 부동산 거래는 고액이 오가고 권리 관계가 얽혀 있는 경우가 적지 않으므로 계약 전에 등기부 등본을 확인하는 게 필수입니다. 부동산 중개사를 통하더라도 그들이 계약의 모든 것을 책임지지는 않기 때문입니다.

예를 들어 전세를 얻으면서 잔금 지급일에 근저당권 말소를 특약으로 명시했지만 집 주인이 이를 어겼다면 이는 계약을 어긴 집 주인 책임이지 중개사에게 책임을 물을 수는 없습니다. 중개사의 실수로 인한 사고(실수, 혹은 고의가 증명되어야 합니다.) 또한 1억 혹은 2억원(중개법인)의 한도까지만 배상이 가능하고, 소송으로 가면 이마저도 다 받기 어려운 경우가 많습니다. 최소한의 안전장치로서 부동산 중개인을 통해 계약하는 것이고, 계약 당사자가 부동산의 이력과 권리 관계를 꼭 확인하라고 등기부가 모두에게 오픈되어 있습니다.

등기부 등본(정식 명칭은 등기사항증명서)은 해당 부동산에 관한 현황, 권리 관계가 기재된 공적 문서로 크게 표제부, 갑구, 을구로 구성되어 있습니다. 대법원 인터넷 등기소www.iros.go.kr에서 부동산의 소재지번을 입력하면 열람과 발급이 가능합니다.

등기부는 집합건물, 건물, 토지로 나뉘어 있습니다. 집합건물은 아파트, 연립 주택, 다세대 주택, 오피스텔처럼 토지가 입주민 전체의 공동 소유이고, 전유 부분(출입문 안쪽)만 개별 소유입니다. 쉽게 말해 아파트 등기부는 '집합건물'로 선택해서 떼야 합니다. 그에 비해 단독주택은 토지와 건물이 별도입니다. 따라서 단독주택을 매매하려면 토지와 건물 등기부를 모두 확인해야 합니다. 토지와 건물의 소유자가 다를 수 있기 때문입니다.

1. 표제부 – 부동산의 소재지번, 건물 내역이 나와 있는데, 집합건물에서는 전유 부분(개별 소유), 대지권 지분 등도 함께 표시되어 있습니다. 대지권은 전유 부분의 면적에 따른 토지 사용권을 말합니다. 재개발 아파트 투자 시에 특히 눈여겨봐야 할 부분이지요. 표제부의 건물 표시가

등기사항전부증명서 (현재 유효사항) - 집합건물

[집합건물] 서울특별시 마포구 ██   고유번호 ███████████

【 표　제　부 】		（1동의 건물의 표시）		
표시번호	접　수	소재지번,건물명칭 및 번호	건 물 내 역	등기원인 및 기타사항
1	2015년5월1일	서울특별시 마포구 아현동 ███, ███, ███ ██████████ ███████ [도로명주소] 서울특별시 마포구 마포대로 ███	철근콘크리트구조 (철근)콘크리트지붕 30층 공동주택(아파트) 1층 393.4088㎡ 2층 496.9593㎡ 3층 496.9593㎡ 4층 496.9593㎡ 5층 496.9593㎡ 6층 496.9593㎡ 7층 496.9593㎡ 8층 496.9593㎡ 9층 496.9593㎡ 10층 496.9593㎡ 11층 496.9593㎡	

등기부 등본 표제부에는 소재지번과 건물 내역 등이 나온다.

실제 건축물 구조와 다르다면 위법 가능성이 있으므로 이때는 건축물 대장을 확인할 필요도 있습니다.

2. 갑구 - 소유권과 소유권 관련한 권리 관계가 표시됩니다. 예컨대 경매, 압류, 가압류, 가처분 등 소유권이 넘어갈 위험이 있는 내역이 나와 있습니다. 가장 마지막에 표시된 소유자가, 부동산 계약 당사자와 동일한지를 꼭 확인해야 하는 진짜 소유자이고요.(만약 대리인이 나왔다면 부부라 하더라도 인감증명서와 위임장을 확인해야 합니다.)

【 갑 구 】			(소유권에 관한 사항)	
순위번호	등 기 목 적	접 수	등 기 원 인	권 리 자 및 기 타 사 항
1	소유권보존	2000년8월24일 제99410호		소유자 주식회사한국토지신탁 110111-1258220 서울 강남구 삼성동 144-25 신탁 신탁원부 제66호
2	소유권이전	2000년9월22일 제110023호	1998년10월14일 매매및 신탁재산의처분	소유자 ▨▨▨ ▨▨▨▨▨▨▨▨▨▨▨▨▨▨▨▨▨ 1번 신탁등기말소 원인 1998년3월3일 신탁재산처분
2-1	2번등기명의인표시변경	2001년2월19일 제19122호	2000년10월16일 전거	▨▨▨▨ ▨▨ ▨▨▨ ▨ ▨▨▨▨▨▨

갑구에는 경매, 압류 등 소유권에 관한 권리 관계가 나온다.

3. 을구 - 소유권 외의 권리 관계가 표시됩니다. 즉, 근저당권, 전세권 등이 나와 있는데, 근저당권은 채권 최고액과 선순위를 잘 살펴야 합니다. 참고로 금융권의 채권 최고액은 120~130%로 설정됩니다. 이자나 소송 비용 등을 감안해 실제 대출금보다 높게 설정하는 것입니다.

전세 계약을 할 때는 이 채권 최고액과 전세금을 합한 금액이 경매

시 낙찰 예상액보다 적어야 안전하다고 할 수 있습니다.(그렇지 않고 속칭 '깡통 전세'의 우려가 있다면 전세보증금 반환보증보험 가입을 검토하는 게 좋습니다.) 그리고 당연히 전세금은 등기부 상의 명의자 통장에 입금해야 하는데, 대리인과 계약하더라도 대리인 통장에 이체해서는 안 됩니다.

【 을 구 】		(소유권 이외의 권리에 관한 사항)		
순위번호	등 기 목 적	접 수	등 기 원 인	권 리 자 및 기 타 사 항
1	근저당권설정	2015년8월3일 제52001호	2015년7월29일 설정계약	채권최고액 금176,000,000원 채무자 ▒▒▒ 경기도 고양시 일산서구 ▩▩ ▩▩ ▩▩▩ 근저당권자 주식회사우리은행 110111-0023393

을구에는 근저당권, 전세권 등 소유권 외의 권리 관계가 나온다.

참고로, 빌라라는 주거 형태는 전문 용어가 아니라, 다세대 주택과 연립주택을 편의상 뭉뚱그려 부르는 말입니다. 다가구는 집 주인이 한 명(단독주택)인 데 비해 다세대와 연립주택은 호별로 소유자가 따로 있습니다. 또한 부동산 계약을 할 때는 계약 전, 중도금 지불, 잔금 지불 등 각 단계마다 등기부 등본을 확인하는 게 좋습니다. 도중에 무슨 일이 있을지 모르고, 임차권이나 유치권 행사를 제외한 중요 변수는 등기부 등본에 거의 드러나기 때문입니다.

돈이 되는 아파트를 고르는 6가지 포인트

아파트를 구입하면서 우리는 인생 최고의 거금을 치릅니다. 이 말은 자산의 대부분이 부동산에 묶인다는 의미이기도 합니다. 그런데 힘들게 돈을 모으고 대출까지 받아서 어렵사리 산 아파트 시세가 떨어지거나 5년, 10년씩 횡보한다면 어떻게 될까요? 이 기간 동안 자산 증가가 정체되거나 오히려 자산이 줄어드는 것은 물론, 타 지역 아파트 가격이 가파르게 오르는 것을 보고 있자면 상대적 박탈감 또한 상당할 것입니다. 뒤늦게라도 아파트 처분을 고려해 보지만, 그간 떨어진 시세에 대출이자 손실까지 더해지면 손해가 너무 커서 되파는 것도 쉽지 않습니다.

문제는 향후 이 같은 아파트들이 적지 않게 등장할 것이란 점입니다. 최근 다주택자에 대한 양도세 중과, 대출 규제, 보유세 인상에 관한 논의, 여기에 금리 인상 전망까지 아파트 가격 상승을 가로막는 요인들이 적지 않기 때문입니다. 물론 그럼에도 불구하고 시세가 오르는 아파트는 있습니다.

주식도 마찬가지인데, 한계가 있는 부동산은 상승장에서 약하게 오르는 반면에 시장이 침체기일 때 가장 먼저 크게 떨어지고 가격 회복도 쉽지 않습니다. 따라서 요즘처럼 암울한 전망이 많을 때에는 무엇보다 하락장에도 가격이 떨어지지 않을(아니면 떨어지더라도 금세 회복할) 아파트를 고르는 게 중요합니다. 이런 아파트들이 대세 상승기에 접어들면 앞장서서 가격이 오를 가능성 또한 높습니다.

저는 부동산 투자가 주종목이 아니므로 회사 내외부의 날고 긴다는 전문가들에게 조언을 구했습니다. 경기와 크게 상관없이 '돈이 되는 아파트를 고르는 요령'을 알려달라고 말이지요. 그들의 의견을 종합한 게 바로 아래 6가지 포인트입니다.

1. 직주근접, 최단거리 내에 일자리가 많은가?

집값 상승의 가장 큰 원동력은 '직주근접'입니다. 직주근접이란 말 그대로 직장과 주거 공간이 가까운 것을 말합니다. 흔히 '역세권'이 최우선 순위라고 생각하는데, 회사에 빠르고 편리하게 갈 수 있으니까 역세권을 내세우는 것입니다. 부동산 시세, 특히 아파트는 삶의 질과 연관되는 직주근접이 무엇보다 중요합니다. 출퇴근 시간이 짧고 편할수록 삶의 질은 올라갑니다. 워라벨(워크 앤 라이프 밸런스)이 요즘처럼 중요한 화두로 부상하기 전에도, 사람들은 집을 구할 때 직장과의 거리를 가장 먼저 고려했습니다.

현재 양질의 일자리가 많고 앞으로도 대기업 이전처럼 일자리 창출이 크게 기대된다면 해당 지역의 부동산 수요는 끊이지 않습니다. 세대수가 다소 적거나 조금 오래된 아파트라도 주변 시세를 따라 덩달아 오를 가능성이 아주 높습니다.

2, 센 놈과 붙어있는 아파트를 사라

해당 지역마다 가격이 가장 높은 수준의 아파트가 있습니다. 대개는 신축 아파트 단지가 가격 상승을 주도하는데, 당연히 이곳은 시세가 높게 형성되어 있습니다. 그런데 이들 아파트와 연계된(어느 정도 연결이 되어 있어야 합니다. 혼자서 멀리 뚝 떨어져 있으면 연계의 느낌이 희박합니다.) 아파트는 주거 편의성이나 브랜드 가치 같은 몇몇 단점이 있다고 하더라도 투자 전망이 좋다고 할 수 있습니다. 전에는 크게 별 볼 일 없다가도 센 놈 옆이라서 더욱 가치를 인정받는 것입니다.

3. 이제 향보다는 조망이다. 뷰view가 곧 돈이다

아파트는 같은 단지라도 향, 층, 조망에 따라 집값이 다릅니다.

예전에는 남향을 선호하는 사람들이 많았습니다. 그러나 요즘은 향向보다 조망을 더 우선시합니다. 정남향이라도 앞 동 때문에 조망이 가려진다면 비교적 전망이 좋은 동향의 집 가격이 더 비쌀 수 있습니다. 한강이나 녹지 풍경이 보이는지 여부에 따라 몇 억씩 차이가 나기도 하고요. 심지어 아파트 조망권은 집값의 20% 정도에 해당한다는 법원 판례까지 있을 정도입니다.

그런 이유로, 조망권 프리미엄이 있는 아파트를 살 때는 영구적으로 유지되는 조망권인지를 따져봐야 합니다. 현재는 조망이 좋더라도, 향후에 새로운 건물이 들어서서 조망권이 훼손될 여지는 없는지를 염두에 두어야 하는 것입니다.

4. 중학교는 학군의 질, 초등학교는 근거리 우선

우리나라의 교육열은 굳이 설명이 필요 없을 테지요? 예전에는 고등학교 학군이 중요했지만, 요즘은 중학교 학군이 아파트 입지의 중요한 선택 기준이 되었습니다. 고등학교는 지원제로 바뀌었지만, 중학교는 근거리 배정이 원칙이기 때문입니다. '잘 가르치는' 중학교 학군의 아파트는 수요가 풍부해서 거래가 잘 되고, 가격 상승 원동력도 보유했다고 할 수 있습니다.

'초품아'라는 말을 들어본 적이 있는지요? 초등학교를 품고 있는 아파트라는 뜻인데, 이때의 기준은 학교가 바로 옆인지가 아니라 찻길을 하나도 안 건너고 보행자 통로로만 등하교가 가능한가, 자동차로부터 안전한가 여부입니다. 비슷한 입지와 연식의 아파트라면 안전사고나 범죄 노출이 적은 아파트의 선호도가 당연히 높습니다. 자녀가 있는 가정이라면 학교와의 거리와 함께 더더욱 소홀히 할 수 없는 아파트 선택 기준이기 때문입니다.

5. 갈수록 중요해지는 녹지 프리미엄

요즘 아파트 청약자들은 녹지를 내 집 마련의 중요한 기준 중 하나로 삼고 있습니다. 편안하고 쾌적한 주거 환경의 가치에 주목하는 것입니다. '숲세권'이라는 신조어도 이와 무관하지 않습니다. 이 말은 숲과 역세권을 붙인 합성어로, 도심 속에서 숲과 녹지 공간을 배후에 둔 주거지를 뜻합니다.

집 가까이에 녹지 공간이 있으면 운동과 여가 생활을 즐기기에 좋고, 투자 측면에서도 시세와 직결돼 있어 그 중요성은 차츰 커지고 있습니다. 서울 마곡의 보타닉공원, 난지의 하늘공원, 송도의 센트럴파크 등은 모두 아파트의 투자 가치를 높여주는 숲세권 프리미엄에 속합니다. 이러한 녹지 공간과의 접근성에 따른 장점만으로도 주변 시세를 리드하는 '주포 아파트'가 될 가능성이 있습니다. 교통이나 편의 시설 외에 조망권과 녹지 공간이 있는지 여부 등 진짜 '살기 좋은' 아파트의 가치에 사람들이 눈을 뜨기 시작했다고 볼 수 있습니다.

6. 사람들이 선호하는 평수에 주목하라

우리나라에서 가장 인기 있는 아파트 크기는 소형 24평형(전용 18평)과 중형 32평형(전용 25평)이라고 합니다. 투자 목적에서는 24평을 선호하고, 실제 거주 선호는 32평이 높습니다.

참고로 아파트 면적은 전용면적과 공용면적, 공급면적으로 나뉩니다. 전용면적은 한 세대만 독점적으로 사용하는 공간이지요. 아파트를 분양할 때 기준이 되는 면적으로 가장 중요하다고 할 수 있습니다. 이에 비해 공용면적은 주거공용면적(엘리베이터, 계단 등)와 기타공용면적(지하주차장, 커뮤니티 시설 등)을 의미합니다. 이 공용면적과 전용면적을 아울러 공급면적이라고 하고요.

부동산은 살 때보다 팔 때가 더 중요합니다. 내가 부동산을 팔려고 할 때, 받아줄 사람이 많은 인기 평형의 아파트일수록 당연히 환금성과 투자 가치가 올라갑니다.

직장 1년차부터 시작해야하는
부자 공부

첫 직장을 잡고 고정 수입이 생기면 그 즉시 재테크를 시작해야 합니다. 이는 투자를 위한 목돈 마련의 목적 외에 하루라도 빨리 부자 공부를 시작한다는 데에 의미가 있습니다. 투자 효과 측면에서 서른 즈음의 1년은 마흔 즈음의 몇 년, 혹은 10년과 맞먹기도 합니다. 서른 살 무렵에 1년 빨리 재테크, 투자를 시작하면 마흔 언저리에서는 몇 년 빨리 부의 기반을 다진다는 말이지요.

산술적으로 그게 말이 돼?, 라고 할지도 모르겠습니다. 지금 수입의 50%를 저축하는 거와 마흔 때 수입의 50%를 저축하는 게 물가상승률을 감안하면 뭐가 그렇게 달라?, 라는 의문입니다. 달라도 한참 다릅니다. 먼저 재테크 환경부터 다릅니다. 부양가족이 없거나 적을 때의 저축 여력과 결혼 후 자녀가 생기고, 양가를 챙기고, 씀씀이도 커진 상황의 저축 여력에는 큰 차이가 있습니다. 여기에 더해 결정적인 문제가 따로 있는데, 바로 자산 가격의 상승과 기회비용입니다. 직장인의 월급 상승률은 물가상승률을 웃돌 수는 있어도 자산 가격 상승률이나 투자 수익률에는 못 미칠 가능성이 아주 높습니다. 쉽게 말해, 서울의 웬만한 인기 지역 아파트를 지금 사려면 불과 2~3년 전에 비해 통상 몇 억원은 더 주어야 합니다. 자산 가격이 늘 가파르게 우상향 곡선을 그리는 것은 아니지만, 다음의 투자 기회는 반드시 찾아옵니다. 언제가 될지 무엇이 될지 모를 그 기회를 위해 미리 밑천을 마련해두어야 하고 투자 공부를 손에서 놓지 말아야 합니다.

지금 100만원의 차이가 10년 후 몇천 만 원의 차이가 날 수도 사실을 믿어보기 바랍니다. 복리의 마법은 저축에서는 효과가 기대 이하라도 투자의 세계에서는 진짜 마법을 부리곤 하기 때문입니다.

투자는 공부하고 경험하는 만큼 보인다

재테크와 투자는 당장의 1년이 중요하고 10년 세월도 길지 않은 법인데, 허리띠 졸라맨 몇 년간의 고생이 물거품 비슷하게 되는 경우가 있습니다. 투자 실패이지요. 그것도 결정적인 실패입니다. 얼마간의 투자 손실쯤이야 공부한 셈 치면 되고 꼭 필요한 한때의 경험인 측면도 있습니다. 하지만 내 재산의 절반쯤 까먹으면 문제는 달라집니다. 돈은 돈대로 사라지고 그 후유증으로 삶마저 뒤흔들리는 실패라면 정말 심각한 사태입니다.

사실 합리적인 마인드로 투자하고 적당히 관리하면 손실이 그처럼 무지막지해지는 일은 거의 없습니다. 주식도 그렇고 부동산은 더더욱 그렇습니다. 삶이 흔들릴 만큼의 투자 실패는 대다수가 상식에서 벗어난 투자 때문입니다. '내가 도대체 무슨 생각으로 투자했을까!?'라는 자책이 드는 경우이지요. 물론 후회는 늘 늦습니다.

실제 있었던, 삶이 크게 흔들려서 평생 회복이 안 되었던 투자 실패 사례를 하나 보겠습니다.

부동산 투자에서는 재산이 반토막 나는 경우가 잘 없지요. 네, 반토막은 잘 없는데 투자금을 거의 날리는 경우는 간혹 있습니다. 십수 년 전쯤 지인의 사례인데, 기획 부동산이 뉴스에 떠돌기 직전에 초등 동창생의 권유로 3억을 투자해 모두 날렸습니다. 강원도 어딘가의 땅 투자에 아파트 담보대출로 마련한 돈을 맡겼다고 했습니다. 사람만 믿고 돈을 보냈다는 넋두리에 제 입이 다물어지지 않았습니다. "그놈이 그럴 줄은 정말 몰랐어요."라고는 하는데, 원래 그런 줄 모르고 제대로 알아보지도 않으니까 당하는 게 사기입니다.

이 분은 마흔 언저리까지 재테크나 투자 경험이 거의 없었습니다. 하나 있는 아파트도 결혼할 때 부모님이 마련해주신 것이었습니다. 하소연을 들으면서 보다 일찍 투자 공부를 했더라면, 그전에 다른 투자에서 몇천 만 원쯤 날려본 경험이 있었다면 이런 어처구니없는 판단은 없지 않았을까?, 하는 생각이 들었습니다.

부동산에 비해 주식에서는 반토막이 아주 쉽습니다.(?) 가장 쉬운 방법은 얄팍한 투자 지식으로 한 방을 노리는 것입니다. 1억원을 들고 몇 달 간 테마주 두어 번만 잘못 따라다녀도 금세 반토막입니다. 뚜렷한 투자 원칙 없이 매매가 잦은 주식 투자 습관도 돈을 잃기 딱 좋습니다. 슬롯머신이 그렇듯이 게임 횟수가 많을수록 손실이 커지는 게 도박의 특징이기도 합니다.

평범한 직장인에게는 가능성이 극히 낮은 투자 실패 사례를 들었습니다만, 아무리 어쩌다가 일어나는 일이라도 막상 내게 닥치면 100% 확률입니다. 이처럼 극단적인 손실이 아니더라도 해당 투자 분야를 잘 모르거나 합리적인 투자 마인드가 없다면 장기간에 걸쳐 야금야금 손실이 커지는 게 투자입니다. 운이 좋아서 수익이 나도 성급한 현금화로 더 큰 수익을 놓치거나, 반대로 로스컷(loss cut, 손절매)을 하지 못해 손실이 우후죽순처럼 커지는 경우도 비일비재합니다.

투자는 시장의 흐름을 보는 안목과 관리가 핵심입니다. 시장을 보는 안목은 정보와 공부, 그리고 경험에서 나오지요. 아무리 좋은 정보를 얻고 공부를 많이 해도 실전 경험이 쌓여야 비로소 눈이 제대로 뜨입니다. 내 목돈이 들어가 있어서 노심초사하는 투자 경험이 뒷받침되어야 하는 것입니다. 그렇다면 투자 관리에서는 뭐가 중요할까요? 내역을 수치로 정확하게 이해하기입니다.

수익형 부동산 투자 목적으로 1억원짜리 오피스텔을 사서 임대하는 경우를 보겠습니다. 6천만원 대출로 투자금에 보태고, 보증금 500만원에 월세 50만원을 받는다면 연간 수익률이 12%이고, 한 해 420만원의 순수익을 얻을 수 있습니다.

매매가	대출	보증금	실투자금
1억원	6,000만원	500만원	3,500만원
대출연이자 (이율 3%)	연월세수입	연순수입	연수익률
180만원	600만원	420만원	12%

투자 수익률은 실투자금 대비 순이익의 비율입니다. 대출과 임차인의 보증금은 내 돈이 아니므로 투자금에서 빼는 게 맞고요. 임대 부동산의 수익률은 아래처럼 계산합니다.

$$\frac{600만원(50만원 \times 12개월) - 180만원(대출\ 이자)}{1억원 - 6천만원(대출) - 500만원(보증금)} \times 100 = 12\%$$

실투자금 3,500만원을 들여 1년에 420만원의 순수입, 즉 수익률 12%라면 아주 훌륭하지요. 웬만한 펀드, 주식 수익률 못지않습니다. 하지만 여기에는 함정이 있습니다. 비용 내역을 정확하게 이해하지 못한 주먹구구식 계산이 문제입니다.

오피스텔은 업무용(일반 임대사업자)과 주거용(주택 임대사업자)이 있는데,

취득세율이 4.6%입니다. 일반 주택의 1.1%(6억원, 85m² 이하)보다 4배 가량 높습니다. 다만 주거용(전용 60m² 이하)은 주택 임대사업자를 내면 100%, 혹은 85%까지 감면이 되지만, 4년 동안 임대를 해야 하는 조건이 붙습니다.(신규 분양만 해당. 양도세 혜택이 큰 준공공임대는 8년) 또한 임대 소득이 2,000만원 이하인 경우에 2018년 말까지 비과세, 2019년 이후부터는 14% 분리과세(필요경비율 60%, 기본공제 400만원)될 예정입니다. 한편으로 업무용 오피스텔은 취득세 감면 대신에 부가세를 환급받을 수 있습니다. 그리고 세금 외에 법무사에게 등기를 맡기는 경우에도 비용이 발생합니다.

이처럼 오피스텔 투자는 취득세와 부동산 중개료, 수리비, 오피스텔 시세 등락, 그리고 결정적으로 공실이 되는 기간 동안의 수익 누락이라는 변수가 있습니다. 단순히 보증금과 월세, 대출 이자만으로 손익의 전부를 가늠할 수 있는 게 아닙니다. 제반 비용 문제와 손실 위험을 보다 신중하게 따져야 하지요. 게다가 업무용 오피스텔이나 레지던스와는 달리 주거용 오피스텔은 1가구 2주택 산정에 포함되므로, 종합부동산세나 양도세 중과 같은 심각한 문제가 생길 수도 있습니다. 참고로 앞의 사례에서 대출 이자가 1%만 높아져도 연 순수익은 420만원에서 360만원으로 줄어듭니다.

작은 오피스텔 하나만 하더라도 내 돈과 남의 돈(대출)의 배분, 이자 비용과 순수익, 부대 비용, 만약의 손실 위험, 대출금 상환 계획, 계속 보유 여부 같은 관리가 기본입니다. 사회 초년생 시절의 꼼꼼한 월급 관리처럼, 투자에서 관리는 습관이 되어야 합니다.

직장인이 손쉽게 접근할 수 있는 투자 분야는 사실 그리 많지 않습니다. 대개는 펀드, 주식, 부동산일 텐데, 실제로 투자하려고 보면 세부 분야는 더욱 다양합니다. 펀드만 하더라도 국내형과 해외형, 주식형과 채권형, 혼합형, ETF(exchange traded funds. KODEX 200, KODEX 레버리지 같은 특정 지수의 수익율을 얻을 수 있도록 설계된 지수 연동형 펀드로, 거래소에 상장돼 일반 주식처럼 사고 팔 수 있습니다.) 등으로 나뉘지요. 주식 또한 코스피와 코스닥, 해외 주식과 장외주식 등으로 나뉘는 데 더해 업종과 테마, 개별 종목은 더더욱 파란만장합니다. 부동산 또한 아파트와 빌라, 상가, 오피스텔, 재건축, 경매, 땅 투자 등으로 나눌 수 있고요.

이제껏 투자 경험이 거의 없었다면 막연할 것도 같습니다. 해본 적이 없으니 잘 알지 못할 것이고 '주식하면 다 망한다더라.', '이제는 아파트로 돈 버는 시대가 끝났다더라.'처럼 떠도는 말들이 더욱 불안감을 갖게 합니다. 하지만 지금 투자하면 다 망하거나 다 돈을 번다고 할 만큼 세상은 단순하지 않습니다. 돈을 크게 벌거나 크게 잃는 사람은 언제나 있어 왔습니다. 내가 거기에 해당하느냐 아니냐가 문제일 뿐입니다. 시장 상황이 어떻든 간에 차근차근 공부하고 투자 경험을 쌓으면서 기회를 기다리는 게 최선의 대책입니다.

투자 공부는 기본 지침서 두어 권과 성공 사례를 다양하게 모은 책들을 참고합니다. 온라인 투자 커뮤니티에서 다른 사람들과 교류하며 다양한 정보를 얻고, 잘 모르는 것은 그때그때 물어보는 자세도 중요합니다. 그리고 돈이 많고 적음을 떠나서 투자 초기에는 한동안 없어도 되는 돈, 즉 여윳돈으로 투자해야 합니다. 이 돈을 다 잃어도 좋다는 게 아니라 현금화하지 않고 한동안 지켜봐야 하기 때문입니다. 실전 경험보다 더 좋은 공부는 없으니까요.

여윳돈 투자, 분산 투자 외에 또 한 가지 직장인이 유념해야 할 투자 마인드가 있다면 '조금 더 많이 버는 정도를 지향해야 한다.'는 점입니다. 많이 벌면 많이 벌수록 좋기는 하겠지요. 하지만 고수익을 좇다가 늘 탈이 나는 법입니다. 한 방이 아니라 적당한 수익성을 바라고 투자했는데 기대 이상의 수익, 혹은 대박이 나는 경우가 부자가 된 사람들의 일반적인 후일담입니다. 쉽게 말해 '그 정도 조건이면 시세가 꾸준히 오를 것 같아서 투자했는데, 일년도 안 돼서 두 배로 뛰었네!' 같은 상황의 주인공이 되는 것이지요.

이와는 반대로 주식이든 뭐든 투자에서 큰 손해를 보는 사람들의 '비결'(?)은 간단합니다. 거의 아래 3가지 중 하나입니다.

첫째, 대박의 유혹을 떨치지 못한다.
둘째, 소문에 사고파는 충동구매를 한다.
셋째, 시장 흐름을 읽지 못하고, 손절매 개념 또한 없다.

가상화폐에 투자할 때
알아야 할 것들

가상화폐, 혹은 암호화폐에 대한 투자와 논란이 뜨겁습니다. 2017년 초에 100만원 정도였던 비트코인이 1년 만에 2천만원 전후로 20배 이상 치솟더니, 2018년에 들어서는 고점 대비 반토막 이상이 난 채 등락을 거듭하고 있습니다. 그래도 비트코인이 처음 거래되었던 2010년 초창기에 비하면 상상도 못할 만큼 가격이 폭등했습니다.

비트코인의 가장 큰 특징은 기존 화폐와는 달리 발행과 관리 주체가 없다는 점입니다. 거래 내역이 은행 등의 특정 서버에 기록되는 게 아니라 블록체인 기술을 바탕으로 다수의 채굴자가 공유하는 공공장부에 기록되고 유지되기 때문입니다. 분산화된 공공 거래장부 암호화 시스템이 블록체인이고, 가상화폐는 이 시스템을 유지하는 보상 체계로서 발행되어 유통된다고 할 수 있습니다.

가상화폐의 대표격인 비트코인은 처음부터 채굴량이 2,100만개로 한정되어 있고 2018년 현재 80%가량 채굴된 상황입니다. 그와 함께 새로운 가상화폐들이 속속 등장해 현재 1,400여 개를 웃돌고 있고요. 금융 거래뿐 아니라 계약 내용을 블록체인에 새기는 스마트 콘트랙트 기능이 추가된 이더리움, 비트코인보다 채굴이 간편하고 대량의 결제를 빠르게 처리할 수 있는 라이트코인, 은행 간 실시간 송금을 위한 서비스로 개발된 리플 등이 등장해 시가총액이 수십 조 원에 이르는 등 가히 가상화폐 전성시대라고 할 수 있습니다.

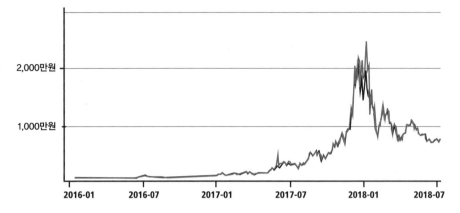

2,000만원

1,000만원

2016-01　　　2016-07　　　2017-01　　　2017-07　　　2018-01　　　2018-07

■ 2016년 이후의 비트코인 가격 차트(빗썸에서 캡처)

　그런데 2017년 하반기의 가상화폐 가격 폭등은 사실 처음 있는 일
은 아닙니다. 2012년까지만 해도 10달러 미만에 거래되던 비트코인
이 2013년 말에는 1,000달러를 넘어섭니다. 1년 동안 100배 이상 가
격이 오른 것입니다. 하지만 그 이듬해인 2014년에 일본 마운트곡스
거래소의 파산과 각국 정부의 규제책에 의해 300달러 수준까지 떨어
집니다. 이후 차츰 가격이 올라서 2년 후인 2017년 초에 1비트코인이
1,000달러를 회복했고요.

　2013년에도 지금과 마찬가지로 '화폐 혁명 vs. 거품' 논란이 있었습
니다. 그때 우리나라는 논쟁에서 비켜 있었을 뿐입니다. 당시 국내 비트
코인 1일 거래량은 불과 2~3억원으로, 2018년 초에 가상화폐 국내
거래가 코스닥 거래액을 훌쩍 뛰어넘은 것과 비교하면 극소수만이 가
상화폐 거래에 참여했던 것입니다.

2013년 말의 가상화폐 폭등은 키프로스 금융 위기를 지나며 정부 통화와 정책이 불신을 받게 된 가운데 대안 통화로서의 가치를 전 세계적으로 인정받는 추세에 따른 것이었습니다. 비트코인은 화폐 가치가 시장 참여자들의 자율에 의해 결정될 뿐 인위적인 조작이 불가능하도록 고안되었기 때문입니다. 저장과 거래가 편리하다는 점에서 비트코인이 금보다 더 나은 대안 통화가 될 것이라는 믿음이 생겨났고, 비트코인을 현금으로 교환해주는 ATM이 등장하기도 했습니다. 그때쯤 미국 연방준비제도 이사회 의장이던 벤 버냉키는 "빠르고 안전하며 효율적인 결제 시스템이 될 장점을 지닌다."라고 말해 가상화폐의 상승세에 불을 붙이기도 했습니다.

사정이 이렇다 보니 2013년 당시에도 '1비트코인을 100만원을 주고 사다니 미쳤다!'는 말이 돌았습니다. 실제로 2014년 마운트곡스의 파산으로 거품이 꺼지는 듯도 했습니다. 마운트곡스는 전체 비트코인 거래의 70%를 처리한 세계 최대의 거래소였는데, 해킹으로 수천 개의 비트코인이 도난당하면서 결국 파산했고 비트코인 가격은 70% 이상 빠져서 300달러 수준까지 떨어집니다. 이후 2017년 상반기에 이더리움 같은 가상화폐의 미래 가치에 투자자들의 이목이 쏠리면서 다시금 가상화폐 붐이 일어납니다.

가상화폐의 가격 폭등은 가까운 미래에 가상화폐의 쓰임새가 보편화될 것이며, 그에 따라 대체 자산으로서 투자 가치가 높다는 기대감이 폭발적으로 확산했기 때문으로 이해할 수 있습니다. 세계 경제 위기나 달러의 위상이 약해질 때 대체 투자 자산으로 금값이 치솟는 것과는 비교가 안 될 만큼 4차 산업혁명 시대의 핵심 기술과 투자 대안으로서 조명받는 것입니다. 다만 아직은 그 잠재 가치나 효용성이 잘 가늠되지 않으니까 가격 또한 급등락을 반복한다고 할 수 있습니다. 한편으로 가상화폐의 가격 폭락은 각국 정부의 규제와 언제 다시 거품이 빠질지 모른다는 공포감이 원인입니다.

이 같은 기대감과 공포감 사이의 줄타기가 사람들이 가상화폐에 몰리고 빠지는 근본 이유입니다. 그런 만큼 다른 분야의 투자와도 원리 측면에서 크게 다를 바는 없습니다. 주식 테마주에서도 몇십 배 수준의 가격 급등락이 아예 없는 일은 아니니까요.

주위에 가상화폐로 큰돈을 벌거나 잃었다는 사람들이 수두룩합니다. 제가 아는 후배 중에도 2017년 하반기와 연초에 몇 억원을 벌었다는 사람이 있습니다. 평소에는 주식 데이트레이딩을 하던 친구였는데, 그는 주식보다 가상화폐의 단기 흐름에 대처하는 게 더 쉽다고 했습니다. 세상의 악재와 사람들의 반응이 단순해서 주식보다 수월하다는 의미인 것 같습니다.

가상화폐에 대한 논란은 당분간 끊임없을 테지만, 전 세계적으로 투자 열기가 퍼진 만큼 대안 화폐로서 진화를 거듭하는 가운데 그 지위는 앞으로도 더욱 확장될 가능성이 높습니다. 그렇더라도 그간 심한 변동성을 몇 차례 경험했듯이 직장인이라면 고고위험 투자 대상으로 여기고 접근해야 합니다. 즉, 아예 손을 대지 말든가, 해당 가상화폐의 중장기 흐름에 대한 나름의 확신이 들 때에 비로소 자산의 일부 비중으로 저점 분할매수하는 것입니다.

주식 시장의 기술적 분석을 하는 안목으로 2018년 7월 현재 가상화폐를 분석하자면 바닥을 확인하는 과정을 몇 차례 거치며 횡보하다가 다시금 세간의 주목을 받는 패턴을 보이기는 할 듯합니다. 거품과 화폐 효용성 논란을 떠나서 이미 세계적으로 완전한 통제가 불가능하고, 블록체인 기술의 전방위적인 확산과 함께 '가즈아(가자!)'의 행복한 꿈을 떠올리게 하기에도 충분하기 때문입니다.

가상화폐 시장은 동일 가상화폐를 전 세계가 거래하는 형태이므로 24시간 열려 있고, 따라서 언제 어디서 어떤 일이 생길지 모릅니다. 저는 가상화폐 전문가가 아니지만, 코인 시장이 주식 시장의 거래 구조와 유사한 측면이 크고 무엇보다 돈이 흐르는 원리는 크게 다르지 않을 거라고 믿습니다. 비트코인과 알트코인(비트코인을 제외한 나머지 가상화폐)의 특성, 기술적 가치에 대한 전망, 수요와 공급, 각국 정부의 지원 혹은 규제가 얽힌 가운데 끊임없이 등락을 거듭하며 하나의 방향성을 띠게 될 테지요. 주식, 부동산과 마찬가지로 그 시장 흐름을 가늠할 수 있다면 가상화폐 투자 또한 절대 유리합니다.

다만 직장인이라면 초단기 전망에 따른 투자나 단타 매매는 망하는 지름길입니다. 개인이 쉽사리 예측하고 대응할 수 있는 시장이 아닙니다. 그렇지 않고 대략의 흐름을 읽는다면 접근 자체는 비교적 간단합니다. 대세 상승장이라면 '저점 매수 - 고점 매도', 반대로 대세 하락장이면 '고점 매도 - 저점 매수'로 대응하는 게 기본입니다. 주식 투자와 크게 다를 바가 없지요.

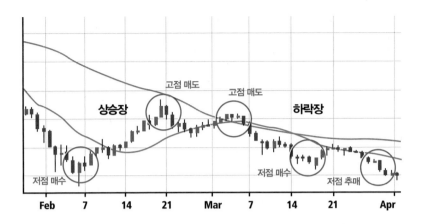

비트코인 18년 1분기 차트. 대세 상승과 하락의 큰 그림을 가능해 투자한다.(업비트에서 캡처)

그리고 투자의 일반 원칙으로서 재차 강조하지만 자산의 일부 비중
으로, 저점 분할 매수, 적당한 선에서 수익을 내고(분할 매도) 다음 기회를
기다리거나 투자해놓고 한동안 잊고 지내는 것도 나름의 방법입니다.

돈의 흐름을 읽는
4가지 방법

돈이 많이 몰릴수록 자산 가격은 오르게 마련입니다. 가상화폐든 주식이든 부동산이든 골동품이든 다 마찬가지입니다. 성공하는 투자자들은 이 돈 냄새를 잘 맡습니다. 부자들이 돈의 길목을 지켜서 큰 수익을 낸다는 말은 돈의 흐름을 읽는다는 의미입니다. 투자는 싸게 사서 비싸게 파는 기술입니다. 말은 참 쉽습니다만, 경우에 따라서는 손실이 난 상황에서 더 싸지기 전에 빨리 팔아야 할 때도 있고, 가격이 싸든 그렇지 않든 시점을 분산해 분할 매수, 분할 매도로 대응해 수익을 내거나, 투자한 후에 장기간 잊고 지내는 등등 다양한 투자 요령이 있습니다.

그런데 내가 싸게 산 것을 비싸게 팔 수 있는 이유는 뭘까요? 간단합니다. 비싸게 사줄 누군가가 있기 때문입니다. 물론 나나 그들은 바보가 아닙니다. 모두가 시세 차익을 노리고 피 같은 돈을 투자합니다. 투자 전망이 좋을수록, 수익성이 겉으로 분명하게 드러날수록 이런 사람들은 차츰 늘어납니다. 가상화폐나 주식, 부동산은 화폐처럼 액면가가 정해져 있는 게 아닙니다. 지금 사고 팔리는 시세가 현재의 가격으로, 이것들은 대표적인 시장 가치 변동성 자산에 속합니다. 시장의 수요와 공급에 의해 가치가 결정되는 것입니다. 가치가 오를 거라고 판단할 요인이 많고, 여기에 혹하는 사람들이 많을수록 사람들(돈)은 몰리게 마련입니다. 돈의 흐름은 이렇게 생겨납니다.

이렇듯 수익성을 좇아 흐르는 돈의 흐름을 어떻게 예측할 수 있을까요? 이를 위해 전문가들은 수없이 많은 지표와 지수를 만들었고 앞 다투어 시장 전망을 남발합니다. 성공적인 투자를 하려면 먼저 이들 지표와 지수, 경제 리포트 따위를 이해해야겠지만, 이게 만능일 수는 없습니다. 어디까지나 참고 사항으로 해당 자산 시장의 흐름, 정부 시책, 과거 데이터 등을 종합해 판단해야 할 것입니다.

그리고 이렇게 많이 공부하고 분석한 후에는 다시 단순함으로 돌아올 수 있어야 합니다. 결국 투자는 투자해야 하나 말아야 하나, 이 두 가지입니다. 수없이 많은 투자 변수 속에서 가장 명확하고도 단순한 논리를 찾아낼 수 있어야 합니다.

초보 투자자들 중에는 감으로 투자하는 사람들이 정말 많습니다. 고수의 투자에서도 하나의 소문, 정보가 계기가 되어 큰 수익으로 이어지는 일이 곧잘 있습니다만, 적어도 그들에게는 정보의 진위와 가치를 가려낼 안목이 있습니다. 돈의 흐름을 꿰뚫어보는 안목은 투자를 오래 하면 자연히 생기는 게 아닙니다. 많이 공부해야 하고, 많이 보고 들어야 하고, 많이 경험해봐야 합니다.

첫째, 전문가의 투자 전망을 이해하고 합리적인 비판이 가능한 수준까지 공부해야 합니다.

투자 관련 도서, 금융권 리포트, 인터넷 투자 카페, 세미나 등등 공부 수단은 뭐라도 상관없습니다. 산삼 밭을 지나면서도 산삼이 어떻게 생겼는지를 모른다면 그냥 지나칠 수밖에 없지요. 더욱이 전문가조차 이게 진짜 산삼이 맞느니 아니니 하며 의견이 엇갈리는 경우가 많습니다.

예컨대 아파트 폭락, 혹은 경제 위기에 대비하라는 전문가 전망은 10년 전에도 지금도 늘 있어 왔습니다. 이들 전문가들의 분석과 논리를 이해하고 본인이 합리적으로 판단할 수 있는 수준까지는 공부를 멈추지 말아야 합니다. 물론 최종적인 판단은 내가 합니다.

둘째, 진짜 중요한 것은 가격이 아니라 흐름입니다.

투자에서 대세 상승과 하락을 가늠할 수 있다면 수익 측면에서 절대 유리합니다. 이를 위해 시장 흐름을 읽을 수 있어야 하고, 이른바 투자 고수들의 전망을 평가할 수 있어야 합니다. 시장 경기는 오르고 내리고를 끊임없이 반복하며 일정한 방향성을 띱니다. 보편적으로는 침체기, 회복기, 성숙기, 후퇴기라는 사이클을 거치는 가운데 초단기 급등기와 급락기를 포함합니다.

부동산이든 주식이든 가상화폐든 당장의 가격이 싸다고 덥석 무는 경우가 잦습니다만, 진짜 중요한 것은 시세가 아니라 흐름입니다. 전에 얼마까지 올랐는지가 기준이 아니라, 앞으로 오르는 추세인지 아닌지가 평가의 척도가 되어야 합니다.

셋째, 내 눈으로 직접 확인해야 합니다.

투자의 책임은 투자한 자신에게 있습니다. '내가 너 말만 안 들었어도'의 책임은 상대의 말만 믿고 무작정 투자한 내게 있습니다. Seeing is believing(보는 것이 믿는 것이다.)이라는 속담이 있지요? 내 눈으로 직접 확인함으로써 현명한 판단을 내릴 수 있고, 투자의 확신이 생겨나는

법입니다. 이것이 시장의 잔바람에 흔들리지 않게 해 큰 수익을 안겨주
곤 합니다. 투자 현장의 사소한 변화를 직접 눈으로 확인함으로써 시장
흐름을 읽은 게 성공 투자의 결정적인 계기가 되었다는 갑부들 에피소
드는 거의 이런 식입니다.

넷째, 멀리 내다보고 기다릴 수 있어야 합니다.

투자 고수들은 보통 사람들보다 몇 템포 빨리 움직입니다. 소문이나
정보만 떠돌고 아직 돈의 움직임이 없을 때부터 그들은 미리 가서 돈을
묻습니다. 그리고 느긋하게 때를 기다립니다. 시장의 큰 흐름을 읽을 줄
알고, 투자에 대한 확신이 있기 때문에 거액을 투자하고도 초조해하는
일이 별로 없습니다. 언제가 됐든 머지않은 시일 내에 돈이 몰려올 것
을 알기 때문입니다.

인생은 장기적인 관점에서
보아야 한다

백 년의 절반 가까이를 살았지만, 삶은 정말 짧은 것 같습니다. 인생의 하이라이트라고 할 시기만 놓고 보면 더욱 그렇습니다. 서른까지는 공부하고 취직 준비하느라 정신없고, 이후에 결혼하고 애들 뒷바라지하다 보면 일단 오십은 금방입니다. 게다가 후반부 20년에서 하루에 7시간을 잔다면 잠자는 시간만 거의 6년입니다.

경제 활동을 할 수 있는 세월이 길지 않은 데에 더해 사람의 앞날은 정말 알 수 없습니다. 적금, 보험을 도중에 깬 데이터를 보더라도 그렇습니다. 2016년 은행권의 적금 중도 해지율이 44.5%에 달한다고 합니다. 목에 칼이 들어와도 깨지 않겠다고 결심했을 적금 말이지요. 살림살이가 어렵고 전월세 가격이 가파르게 오르는 반면 소득과 자산 증가는 밋밋한 영향입니다. 보험 중도 해지도 마찬가지여서 2016년에는 해지 환급금이 30조원을 넘어 역대 최대를 기록했습니다. 적금은 이자만 손해 보고 끝이지만, 보험은 원금도 까먹는 구조라서 해지에 더욱 신중할 텐데도 그렇습니다. 참고로, 보험 계약을 유지하면서 환급금의 95% 수준까지 약관대출을 받을 수 있으니 해지와 대출을 견주어볼 필요도 있을 것 같습니다.

부자가 되는
가장 평범한 진리

재산을 늘리는 가장 단순한 비결은 많이 모으고 많이 불리는 것입니다. 많이 버는 것은 별개의 문제이지만, 재테크 이상으로 중요하다는 점도 앞에서 언급했습니다. 이 원칙은 인류 역사에서 사유 재산이 생겨난 이래 변한 적이 없습니다. 청동기 시대나 지금이나 부자 되는 방법은 마찬가지라는 뜻입니다. 금융 기법이 아무리 복잡해져도 부자가 되려면 저축으로 많이 모으고, 투자로 많이 불려야 합니다. 동서고금을 막론하고 쭉 그래 왔습니다.

《바빌론 부자들의 돈 버는 지혜》(국일미디어)는 6,000년 전 당시에 가장 부유했던 도시로 꼽히던 바빌론 사람들의 부자가 되는 비결을 소개하고 있습니다. 가난에서 벗어나고자 하는 청년에게 바빌론 최고의 부자인 아키드는 이렇게 말합니다.

"자네가 저축한 돈은 자네를 위해 일해줄 노예와 같다네. 저축은 자네가 더 많은 수확을 위해 밭에 뿌린 씨앗과도 같은 걸세. 돈이 돈을 버는 법이네. 자네가 꿈꾸는 풍요는 그처럼 작은 것에서 시작된다는 진리를 잊지 말게."

이 책에서는 일단 시작할 것, 돈 버는 능력을 기를 것 등의 지침도 제시합니다만, 저축과 투자야말로 부자가 되는 진리임을 드러냅니다. 토마 피게티 교수의 《21세기 자본》이라는 책은 더 적나라합니다. 자본주의 사회의 자산 불평등 구조를 밝혀서 세계적으로 화제가 되었지요. 책은 두꺼워도 말하는 바는 간단합니다. 돈이 돈을 버는 속도(자본 수익률)가 사람이 돈을 버는 속도(생산소득 수익률)보다 훨씬 빠르다는 것, 그래서 부자가 더 큰 부를 쌓으며 세습자본주의 시대가 도래하고 있다는 것입니다. 부의 재분배를 가로막는 불평등이 오히려 경제 성장의 동력이 된다는 등의 반론도 만만찮은데, 이것은 어디까지나 공동체 차원의 문제입니다. 자본주의 사회에서 자본은 쌓고 볼 일입니다.

어떻게든 돈을 아끼는 게 저축의 핵심이라면, 투자는 수익률을 극대화해야 하는 기술입니다. 그 가장 기본은 어떤 분야의 투자든 싸게 사서 비싸게 팔 수 있어야 합니다. 주식이나 펀드, 아파트, 땅 투자 등등이 다 해당하지요. 투자로 돈 좀 벌었다는 사람들 이야기를 들어봐도 거의 이 원칙을 벗어나지 않습니다. 쌀 때 사서 계속 보유하고 있거나 웬만큼 오르면 비싸게 팔 뿐입니다. 문제는 어디에 투자해야 하고, 또 언제가 싸고 언제가 비싼 때인지를 가늠하는 안목입니다.

기대 수익이 높을수록 당연히 리스크도 큽니다. 막연히 뛰어들었거나, 대세 판단을 그르쳤거나, 예측 불가능한 악재를 만났거나, 그도 아니면 정말 운이 나빠서 돈을 잃을 수도 있습니다. 그럼에도 부자를 꿈 꾼다면 투자해야 합니다. 월급을 받는 이가 저축만으로 부자가 되는 일은 100년 전에도, 1,000년 전에도 거의 없었습니다.

투자 리스크는 일정 부분 회피하거나 위험을 분산할 수 있습니다. 원금 손실에 대한 걱정 없이 편안하게 돈을 불릴 수 있다면 얼마나 좋을까요? 하지만 오늘의 편안으로는 훗날의 편안이 있을 수 없습니다. 이게 세상살이의 이치입니다.

꾸준히 걷는 사람이 결국 이긴다

적금, 보험 해지로 손해를 본다는 것은 형편이 어려운 사람이 더 어려워진다는 의미이기도 합니다. 여윳돈이 부족해서 해지하는데 손해마저 보는 상황이니까요. 그러면서 또 시간은 계속 흐릅니다. 이처럼 당장의 벌이나 세상살이가 마음먹은 대로 잘 안 풀리고 돈을 벌 수 있는 20~30년 세월마저 금방이라면 어떻게 해야 할까요? 과연 장기적인 관점에서 훗날을 기약하며 준비하는 게 맞기는 한 걸까요?

밑천을 빨리 모아 어떻게든 더 불릴 수 있는 재무 상태를 만들어야 한다는 데 이의를 제기할 사람은 없습니다. 종잣돈을 모으기 위해서는 목표와 의지가 중요하고, 수익을 창출하는 자산을 불리는 데는 안목과 효율적인 방법이 중요하다고 했지요? 이 과정은 짧게는 5년, 보통은

10년, 길게는 20년이 걸릴 수도 있습니다. 이 기간 동안 멈추지 않고 끈기 있게 재테크를 실천하며 기다릴 수 있어야 합니다. 이러한 태도는 정말 중요합니다.

부자의 길에서 직장인이 가장 유념해야 할 것은 정도에서 벗어나지 않기입니다. 정도正道는 바른 길이지요. 도중에 다른 길로 새지 않고, 곁눈질을 하지 않고, 너무 오래 쉬었다가 가서도 안 됩니다. 벼락부자를 꿈꾸는 일은 사실 쉽습니다. 인생 한 방, 대박을 노린답시고 이것저것 무작정 일을 벌이면 되니까요. 그에 비해 십 년을 한결같이 목적지를 향해 뚜벅뚜벅 걷기란 결코 쉬운 일이 아닙니다.

멀고도 먼 길에서 한눈을 팔지 않으려면 무엇보다 조급해하지 말아야 합니다. 조바심이 생기면 길에서 벗어나 샛길로 빠질 우려가 커지기 때문입니다. 뻔한 결과가 눈에 안 보이고, 눈에 보이는 사실조차 외면하게 됩니다. 개발 호재 하나만 믿고 다른 말도 안 되는 조건들에는 귀를 닫았다가 크게 물리거나, 상장 폐지가 뻔히 보이는 종목에 단타를 노리며 뛰어드는 경우가 그렇습니다. 제대로 된 길을 두고 어떻게든 질러갈 생각만 하는 것입니다.

김밥을 팔아 평생 모은 거액을 기부하신 할머니의 미담이 몇몇 있습니다. 지레짐작이기는 합니다만, 김밥을 팔아서 밑천을 모으고 부동산을 하나둘 장만해두었더니 자산 가치가 쑥쑥 오르지 않았을까 싶습니다. 그 와중에 김밥 마는 일을 멈추지 않았다는 게 참 존경스럽습니다. 만약 저였다면 힘든 일은 일찌감치 접고 고급 식당을 차리거나, 임대 수익을 관리하며 살았을지도 모를 일입니다.

대박 부자는 대박을 노리는 100명 중에 한두 명만이 겨우 성공합니다. 나머지는 거의 대박의 꿈만 꾸다가 끝날 것이고, 또 아주 일부는 깡통을 차겠지요. 한편 작은 부자는 오랜 시간 먼 길을 묵묵히 걷는 사람들 중에서 나옵니다. 모두가 목적지에 도착할 리는 없겠지만, 힘들게 걸어온 만큼의 대가는 꼭 있습니다.

삶을 장기적인 관점에서 보라는 것은 멀리 보고, 오늘을 준비하며 세월을 견뎌야 한다는 뜻입니다. 다른 사람들이 죄다 앞서가는 듯이 보여도 비교할 일은 아닙니다. 의욕이 앞서서 무리를 하다 보면 탈이 생기게 마련입니다. 뭔가에 걸려 넘어지거나 이내 지쳐서 주저앉습니다. '삶은 속도가 아니라 방향이다.'라는 말이 있지요? 방향이 중요한 것은 맞는데 속도 또한 슬로모션이어서는 곤란할 것 같습니다. 몇 년이 지나도 근처 자리를 맴돌지 모르니까요.

링컨 대통령 또한 이런 멋진 말을 남겼습니다.

'나는 천천히 걷는 사람입니다. 하지만 결코 뒤로 가지는 않습니다.'

사람은 저마다 행복의 이유가 따로 있다

행복의 이유는 사람들마다 모두 다를 것입니다. 노래를 부를 때 행복한 사람은 가수가 되어야 하고, 그림을 그릴 때 행복한 사람은 본업이든 취미든 화가 일을 하는 게 바람직합니다. 마찬가지 이유로 돈을 쓸 때 가장 행복하다면 어떻게든 많이 벌어야 할 텐데, 정말 그럴까요?

돈으로 행복을 살 수 있을까요? 만약 이 물음에 그렇다고 대답한다면 그는 현재 부자가 아닐 가능성이 높습니다.

2010년에 미국 심리학자들의 대규모 조사에서 연소득 4~5만달러를 기점으로 돈이 행복감에 미치는 영향이 차츰 줄더니 연소득 7만달러(대략 8천만원) 근처에서는 거의 멈추더라는 결과를 낸 적이 있습니다.(Kahneman & Deaton, 2010) 돈과 행복은 분명히 관계가 있지만, 돈이 주는 행복감은 돈이 불어나는 만큼 계속 늘지 않는다는 것이지요. 이같은 결과는 사실 조금만 생각해보면 당연합니다. 배고플 때 먹는 밥과 배부를 때 먹는 밥의 밥맛이 같을 리는 없습니다.

이렇듯 돈으로 행복을 살 수 있을까?, 라는 질문의 답은 '돈과 행복에는 한계효용의 법칙이 적용된다. 돈으로 행복을 살 수 있지만, 돈이 많을수록 그 행복감은 줄어든다.'는 정도로 정리할 수 있습니다. 이것을 행복한 재테크를 바라는 입장에서라면 '기본 자산은 최대한 빨리 벌어야 하고, 그 후부터는 돈과 행복을 각각 추구해야 한다.'는 쪽으로 이해하면 좋을 것입니다.

부자가 된 사람은 여태 적지 않게 봐왔지만, 돈을 많이 벌어서 행복하다는 사람은 별로 못 본 것 같습니다. 앞에서 살폈듯이 먹고살 만할 때까지만 그 인과관계가 성립하기 때문입니다. 수백억 원대 자산을 가진 어느 지인의 요즘 고민 중 하나는 '오늘은 누구와 밥을 먹을까?'입니다. 누구와 밥을 먹어야 오늘 하루가 즐겁고 행복한지를 고민하기 시작한 것입니다. 돈이야 벌 만큼 벌었고 투자 자산이 많으니 앞으로도 돈은 알아서 불어날 테지만, 행복은 노력이 필요하다는 사실을 이제야 깨달은 게 아닌가 싶습니다.

행복을 연구하는 학자들이 내놓은 가르침을 보자면, 돈으로 행복해지려면 많이 벌기보다 잘 써야 한다고 말합니다. 그중 크게 공감이 된 지침은 '물건이 아니라 경험에 돈을 써라, 나보다는 타인을 위해 돈을 써라.'였습니다. 구매할 때만 잠깐 만족감이 드는 물건에 비해 여행이나 취미, 공부 같은 경험이 주는 행복감이 훨씬 크고 오래간다는 것이지요. 타인을 위해 돈을 써라는 말은 기부를 하거나 누군가에게 줄 선물을 살 때가 순전히 나를 위해서만 돈을 쓸 때보다 행복감이 더 커더라는 의미입니다. 이는 심리학 실험으로도 증명된 사례인데, 타인을 위해 착한 일을 했을 때 마음 뿌듯한 느낌이 드는 걸 보면 굳이 실험까지 할 필요가 있을까 싶습니다.

다소 두서가 없었습니다만, 정리하면 이렇습니다. 행복한 부자가 되려면 최대한 빨리 기본 자산을 모아야 하고, 돈이 웬만큼 모인 후에는 경험과 타인을 위해서도 돈을 써야 하는데, 경험과 자선에는 돈이 많이 들 테니 그걸 감안해 아주 넉넉히 벌어야 한다, 또한 '타인과 비교하지 마라', '자존감을 가져라' 같은 삶의 태도는 돈으로 살 수 없으니 돈과는 별개로 추구해야 한다, 정도입니다.

그런데 돈이 전부인 세상 같아도 막상 돈이 넘쳐나고 나이가 들면 돈보다 더 중요한 게 눈에 들어오나 봅니다. 돈을 좇느라 잊어버리고 산 것들, 소식이 끊어진 사람들이 문득문득 생각나는 이유일 것입니다. 앞에서 오늘은 누구와 밥을 먹을지가 고민이라던 부자 지인은 제게 이렇게 말한 적이 있습니다.

"장 지점장, 행복해야 돼요. 난 돈은 벌 만큼 벌었어도 지금은 참 후회가 돼. 내 인생을 돈으로 바꾸는 대가로 참 많은 것들을 포기하며 바쁘게 살아왔거든……."

맞는 말입니다. 우리는 부자가 되어야 합니다. 또한 그 과정이 행복해야 합니다.

지난해 이맘때쯤 출판사에서 〈부자 직장인 가난한 직장인〉이라는 주제로 글을 부탁해왔을 때 많은 고민이 되었습니다. 나부터가 평범한 직장인에 불과한데 이런 원고를 쓴다는 게 과연 온당할까? 부자 직장인들의 저마다 다양한 사례에서 보편타당한 조언을 엮어낼 수 있을까? 부자에의 꿈을 가진 독자들에게 정말 도움이 되는 책이 될까? 이런 물음 아래에 이 책은 처음 시작되었습니다.

걱정이 앞서기는 했어도 부자의 기준이 돈만의 문제가 아니라는 사실이 저에게 힘을 주었습니다. '재산이 적어도 내가 가진 것을 남을 위해 쓸 줄 아는 사람이 부자다.' 어릴 적 어머니가 들려주신 말입니다. '돈을 많이 가진 사람이 부자가 아니라 갖고 싶은 게 적은 사람이 부자다.'라는 말도 들었던 것 같습니다.

저는 시골의 작은 마을, 조씨 문중의 선산 아래에 산지기가 몇 가구에 터를 빌려주고 세를 받는 허름한 집에서 자랐습니다. 그곳에서 초등학교 3학년 때까지 살다가 시장이 가까운 곳으로 이사했는데, 6남매가 한 방에서 생활해야 할 정도로 누추했습니다. 하지만 저의 어머니는 걸인이나 상이용사들이 집에 들러 밥을 달라고 하면 싫은 기색 하나 없이 찬은 소박하나마 깨끗한 상을 차려주었습니다. 그래서 우리 집에는 걸인들이 자주 드나들었습니다. 어린 마음에 그들의 땀 냄새와 씻지 않아서 시커먼 얼굴이 영 탐탁지 않았던 기억이 납니다. 이후 집안 형편이 차츰 나아지면서 저희 형제들은 큰 걱정 없이 유년을 보낼 수 있었습니다. 부자는 아니었지만 가난하다는 근심 또한 없던 그 시절은 분명히 행복했습니다. 저는 그것이 어머니의 따뜻한 마음 씀씀이가 가져다준 복이라고 믿고 있습니다.

부자란 누구일까요? 행복이란 무엇일까요? 나이가 들어 주위를 돌아볼 여유가 생긴 요즘에야 살아갈 방향이 보이는 듯합니다. 그와 함께 고달픈 삶에 쫓기며 부자의 기회도 행복의 기회도 돌아보지 못하는 젊은 친구들의 안타까운 모습도 자주 눈에 들어옵니다. 직장인이 부자가 되기 힘든 근본 이유는 재테크에 최선을 다할 마음의 여유와 시간이 없기 때문일 것 같습니다. 그런 와중에도 시간을 쪼개 재테크에 힘쓰고 마음의 여유를 찾기를 권합니다.

저는 경기도의 오랜 신도시에 살고 있는데, 최근 중국과 베트남 사람들이 눈에 띄게 늘었습니다. 퇴근 후나 주말에 곧잘 나가는 배드민턴

동아리에도 베트남에서 온 친구 몇 명이 있습니다. 배드민턴은 땀을 많이 흘리기 때문에 운동이 끝나면 종종 맥주를 함께 마시는데, 동아리 가입 후에 처음으로 제게 맥주를 사준 이도 베트남의 젊은 친구들이었습니다. 금형의 마지막 단계인 쇠를 다듬는 일(사상 랩핑)을 하는 고단한 일상에 벌이도 넉넉하지 않을 테지만, 그처럼 남을 챙길 줄 아는 그들을 보며 어릴 적 어머니의 추억이 떠올랐습니다. 제가 여태 마셔본 중에 가장 맛있는 맥주였고요!

직장인의 삶이란 참으로 피곤합니다. 당장의 생활과 노후의 버팀목을 만들기 위해 많은 노력과 시간을 들여야 하고 그 밖에도 많은 것들을 인내해야 합니다. 그럼에도 부자나 행복의 기회를 찾기가 쉽지 않은 게 월급쟁이의 생활입니다.

마음의 여유를 찾는 게 우선일 것 같습니다. 교토삼굴狡兔三窟, 지혜로운 토끼는 3개의 굴을 판다고 하지요? 종잣돈을 모으고 재테크를 실천하는 한편으로, 여유가 있고 베품을 떠올릴 수 있는 삶이라면 좋겠습니다. 책에서는 현실적으로 부자의 기반을 다진 직장인들의 사례를 다양하게 실었습니다만, 그들의 삶과 투자 노하우가 많은 도움이 될 수 있기를 바랍니다. 또한 거기에 하나를 더해 우리 모두가 '행복한 직장인 부자'가 되면 좋겠습니다.

좋은날들의 좋은 책을 소개합니다!

악필 교정, 누구나 글씨를 잘 쓸 수 있다!

30일간의 글씨 연습

이해수 지음 | 사륙배판 136쪽

글씨가 좋아지는 요령을 익히는 시간 하루와, 그것을 내 글씨로 만
드는 데 필요한 30일 연습을 한 권에 정리했다. 글씨 교정은 연습
의 양보다 방법이 중요하다. 그래야 십년, 이십 년을 함께해온 글씨
가 바로잡힌다. 판독불가인 악필도 30일이면 OK!

**공부와 시험, 독서, 업무력에서
인생이 압도적으로 유리해지는**

1등의 기억법

야마구치 사키코 지음 | 국판 240쪽

지금보다 10배는 더 잘 기억할 수 있다! 공부기억법과 독서법, 암
기법, 방금 나눈 대화와 이름 잘 외우기까지 똑같은 시간을 들이고
도 더 많이, 더 잘 기억하는 비결을 담았다. 기억력이 좋아지면 인
생이 압도적으로 유리해진다!

몸이 굳은 사람일수록
살이 빠지는 스트레칭

이와이 다카아키 지음 | 신국판 160쪽

몸이 유연해지면 체지방은 반드시 감소한다! 스트레칭은 조깅 같
은 유산소운동 이상의 다이어트 효과가 있는 것은 물론 탄력 있는
몸매, 통증 완화, 체질 개선을 기대할 수 있다. 하루 25분 스트레칭
으로 탄력 있고, 살찌지 않는 몸을 만든다!!

예능 피디가 알려주는 재미있는 대화법 55

나도 말 좀 잘했으면 좋겠네

요시다 데루유키 지음 | 국판 240쪽

언제 어디서든 만점 분위기를 만드는 대화 법칙! 말을 잘하는 사람들은 본인이 즐거운 이야기가 아니라 상대가 즐거워할 이야기를 할 줄 안다. 재미를 만드는 일을 천직으로 삼아온 저자가, 말 잘하는 사람들의 정말 쉬운 대화 비결을 소개한다.

연애를 잘하려면 진심을 버려라!

미친 연애

최정 지음 | 신국판 288쪽

'연애 잘하는 게 인생의 목표'였던 남자의 똑똑하게 연애하고 달콤하게 사랑받는 비결! 눈에 보이지 않는 마음을 얻는 비결이 '연애의 기술'이라고 말하는 저자가 그 여자 그 남자의 연애 심리, 마음을 사로잡는 연애 스킬 등을 거침없이 들려준다.

서양 역사 5천년에 대한 이해가 달라진다!

단숨에 정리되는 세계사 이야기

정헌경 지음 | 신국판 296쪽

서양 역사 5천년이 단숨에 읽히고, 그 오랜 역사의 실타래가 어떻게 얽혀 있는지를 명쾌하게 정리했다. 서양 최초의 문명에서부터 고대, 중세, 근현대 역사의 흐름과 그 이면의 이야기를 오늘날, 우리의 관점에서 생생하게 되살렸다.

월급쟁이가 부자의 운명으로
갈아타는 재테크 성공 비결

부자 직장인 가난한 직장인

초판 1쇄 발행일 | 2018년 8월 10일
초판 2쇄 발행일 | 2018년 10월 1일

지은이 | 장홍탁
펴낸이 | 이우희
디자인 | 우진(宇珍)
펴낸곳 | 도서출판 좋은날들

출판등록 | 제2011-000196호
등록일자 | 2010년 9월 9일
일원화공급처 | (주) 북새통
(03955) 서울시 마포구 방울내로 7길 45 2층
전화 | 02-338-0117 · 팩스 | 02-338-7160
이메일 | igooddays@naver.com